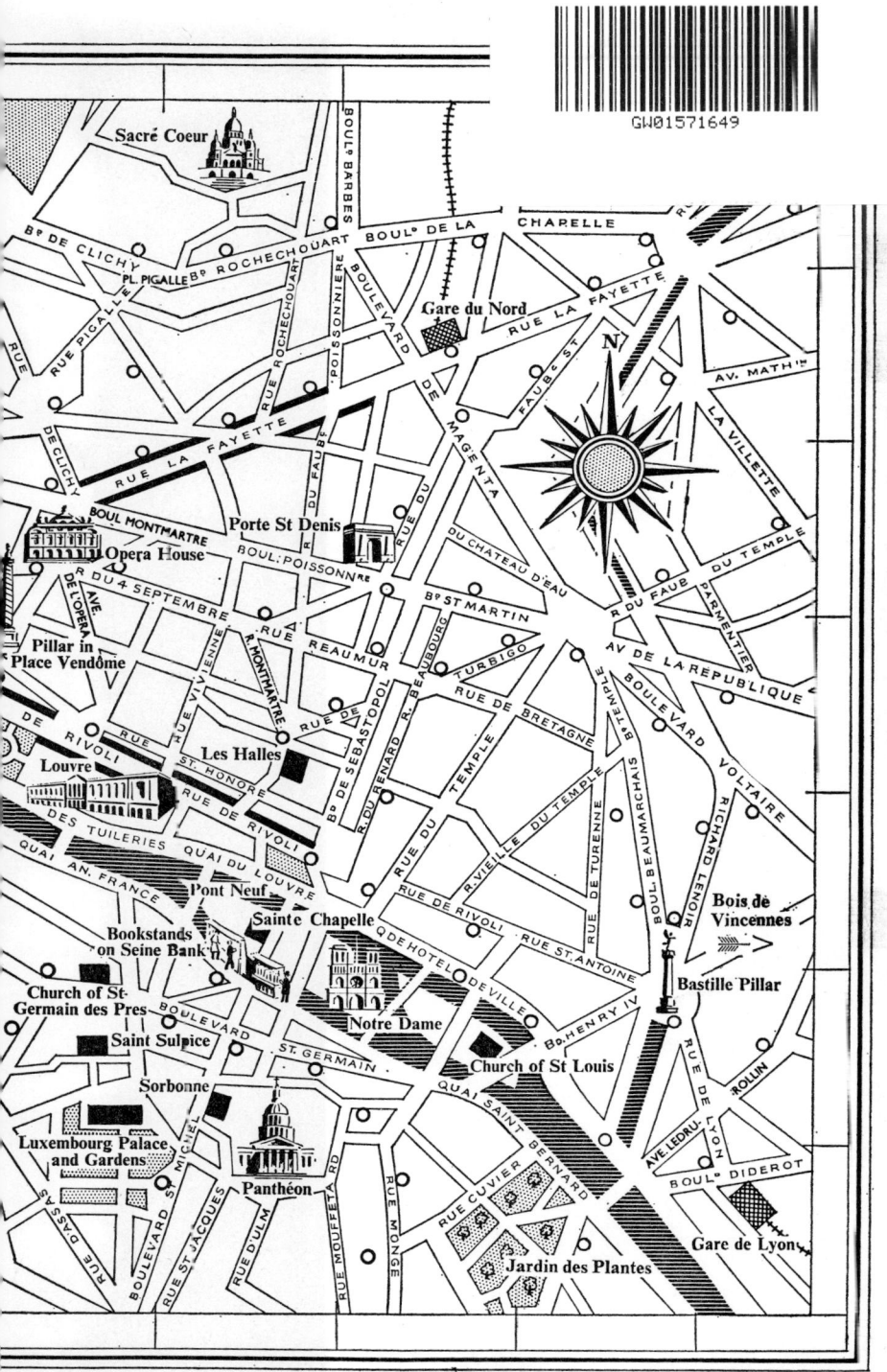

Reproduced from the map in EUROPEAN CITIES by permission of the publishers, Edward Stanford Limited

# PARIS IS FUN

# Paris is Fun
## A BILINGUAL GUIDE

## LORY ALDER

PELHAM BOOKS

*First published in Great Britain by*
PELHAM BOOKS LTD
*26 Bloomsbury Street
London, W.C.1*
1969

© 1969 *by Lory Alder*

7207 0225 9

*Printed in Great Britain by
Western Printing Services Ltd, Bristol*

*To the memory of my parents*

# CONTENTS

INTRODUCTION 13

PART ONE: *Out-of-Doors*
1. Discovering Paris 21
2. The Eiffel Tower 32
3. Parks and Playgrounds 38
4. Airports and Railway Stations 48
5. The Seine and its Quays 56
6. Free Paris 61
7. Paris for Hire 66

PART TWO: *Indoors*
8. Museums and Waxworks 75
9. Children's Theatres 97
10. Children's Art Classes and Specialist Courses 99

PART THREE: *Both Indoors and Out*
11. Sports and Hobbies 105
12. Zoos and Aquariums 116
13. Markets, Fairs and Festivals 119

PART FOUR: *Coping With Things*
14. Money 127
15. Measurements 132
16. Getting about by Bus and Métro 134
17. The P.T.T. 143
18. The S.N.C.F. 151
19. Tipping 156
20. Coping with the Paris Loo 159

## CONTENTS

| | | |
|---|---|---|
| 21 | On your own in Paris | 166 |
| 22 | Eating Out | 173 |
| 23 | The French Way of Life | 179 |
| 24 | Entertainment | 185 |
| 25 | Shopping | 191 |
| 26 | Some useful phrases | 197 |
| 27 | Some useful addresses | 203 |

APPENDIX
- Answers to Questions — 206
- Guide to Museums — 207

INDEX — 211

# ILLUSTRATIONS

| | |
|---|---:|
| The Cathedral of Notre Dame | 32 |
| The pond of the Tuileries Gardens | 33 |
| Lake in Bois de Vincennes | 33 |
| Church of Sacré Coeur | 48 |
| Paris seen from Notre Dame | 49 |
| Children riding on ponies in the Luxemburg Gardens | 64 |
| Dancing 'la Ronde' on the Quai Montebello | 64 |
| Colonne de Juillet, Place de la Bastille | 65 |
| A 'Bateau Mouche' on the Seine | 80 |
| A Café on the Champs-Elysées | 81 |
| Boulevard Haussmann | 96 |
| Place de la Concorde from the Tuileries Gardens | 96 |
| Foreign Tourists at a Street Fair | 97 |
| Children playing outside the Palais de Chaillot | 112 |
| Place de la Concorde | 113 |
| Circular Radio and Television Centre | 113 |
| Kiosk known to Parisians as 'Colonne Morris' | 128 |
| Fireworks on the Place de la Concorde | 128 |
| The 'Piscine Deligny' | 129 |
| On the way from school, Place Victor Hugo | 129 |
| One of the few remaining 'Fiacres' | 144 |
| Two young girls sitting on one of the fountains, Place de la Concorde | 145 |
| Sailing a model boat on the pond in the Luxemburg Gardens | 145 |

*All photographs courtesy of the French Government Tourist Office*

# ACKNOWLEDGMENTS

I would like to acknowledge the help of the following individuals and organisations:

M. Georges Normand, Chef du Bureau d'Accueil, Commissariat Général au Tourisme and his staff

Mr. East, Press Officer of the French Government Tourist Office in London and his staff

M. Violet, Press Officer of the Société Nationale des Chemins de Fer Français in Paris and their Public Relations Department in London

M. Brandin, Chef du Cabinet, Press Office, Ministère des Affaires Culturelles

M. Jean Bruel, proprietor of the 'Bateaux Mouches'

M. Larfouilloux of the Restaurants Jacques Borel

The Public Relations Departments of
    Air France
    Banque de France
    Galéries Lafayette
    Ministère des Postes et Télécommunications
    Printemps
    Régie Autonome des Transports Parisiens
    Samaritaine

The curators of nearly all the many Museums of Paris

Officials of the
    Bureau International pour la Jeunesse
    Comité des Fêtes de Paris
    Division Technique du Bois de Boulogne
    Parc des Bagatelles
    Jardin du Fleuriste Municipal de la Ville de Paris

# ACKNOWLEDGEMENTS

Hôtel de la Monnaie
Observatoire
Service de l'Urbanisme, Ministere des Travaux Publics et des Transports
Service de l'Eclairage, Direction Technique de la Voierie Parisienne
and countless other organisations and individuals who listened patiently to my questions and came up with the answers. Among whom last—but certainly not least—A.H.: la dette est impayable.

I have found the following books useful:
*France Observed* (ed. by Doré Ogrizek) (Thames & Hudson)
*Paris*, by John Russell (Batsford)
*Paris on the Seine*, by Blake Ehrlich (Weidenfeld & Nicolson)
*The Seine*, by Anthony Glyn. (Weidenfeld)
*The Companion Guide to Paris*, by Vincent Cronin (Collins)
*Paris*, by Deirdre Mitchell (Lutterworth Press)
*Paris, City of Enchantment*, by Ernest Raymond (Newnes)
*Paris: Guide Michelin*
*Guide France, Manuel de Civilisation*, by Guy Michaud (Hachette)
*We go to Paris*, by Mary Dunn (Harrap)
*Paris*, by Alexander Reid (Phoenix)

## ABBREVIATIONS

Faubourg: Fbg.
Boulevard: Bd.
Place: Pl.
Porte: Pte.
Avenue: Ave.
Saint: St.
par exemple: p. ex.
c'est à dire: c.à.d.
Télégraphie sans fil: T.S.F.

avant Jésus Christ: avant J.C.
dimanche: dim.
lundi: lun.
mardi: mar.
mercredi: merc.
jeudi: jeu.
vendredi: vend.
samedi: sam.
tous les jours: t.l.j.

# INTRODUCTION

Paris began as an island in the Seine. It was inhabited by the tribe of the Parisii and in 52 B.C. their capital 'Lutetia Parisiorum' was conquered by Julius Caesar, as every French schoolboy can tell you. The name 'Paris' does not appear in records until 400 years later.

Paris a débuté comme île dans la Seine. La tribu des Parisii s'y était installé et en 52 avant J.C. leur capitale 'Lutetia Parisiorum' fut conquise par Jules César, comme n'importe quel écolier français saura vous le dire.

Thick walls were built to protect this island—the *Ile de la Cité*—but as the city grew and spread on to both banks of the Seine new fortifications were built. (We shall revert to them later.)

On construisit des murs épais pour protéger cette île—*l'Ile de la Cité*—mais on ajouta des nouveaux ramparts à fur et à mésure que la ville s'agrandit et s'étendit sur les deux rives de la Seine. (Nous en parlerons plus tard.)

There are vestiges of the Roman occupation on the *Left Bank*: the *Arènes de Lutèce* (disappointing), the *Musée des Thermes* (the baths of the Emperor Julian Apostate) and the *Catacombs*.

Il y a des vestiges de l'occupation romaine sur la *rive gauche*: les *Arènes de Lutèce* (decevantes), le *Musée des Thermes* (les bains de l'Empereur Julien Apostate) et les *Catacombes*.

Saint Geneviève, patron saint of Paris, saved Paris from the fury of the Huns but she was powerless against the Normans. They sacked the city.

Sainte Geneviève, la patronne de Paris, sauva Paris de la fureur des Huns mais elle ne pouvait rien contre les Normans. Ils devastèrent la ville.

The Middle Ages saw the rise of *Notre Dame* and of the *Sainte Chapelle* on the *Ile de la Cité*. On the *left bank* the *Sorbonne*, the

University of Paris was built—and thus became one of the oldest in Europe—on the *right bank* the foundations of the *Louvre* were laid.

*Notre Dame* et la *Sainte Chapelle* s'élévèrent au cours du Moyen Age sur *l'Ile de la Cité*. Sur la *rive gauche* on construisit la *Sorbonne*, l'Université de Paris qui devint ainsi une des plus anciennes de l'Europe—et sur la *rive droite* on posa les fondations du *Louvre*.

The Hundred Years war saw an English king encamped in the *Louvre*—Henry V. The palace was later pulled down, rebuilt and enlarged by a succession of French kings; Napoleon I and III added the finishing touches.

Pendant la guerre des cent ans un roi anglais—Henri V—s'installa au *Louvre*. Le palais fut démoli plus tard, reconstruit et aggrandit par une succession de rois de France et Napoléon Ier et III y mirent les dernières retouches.

## Left Bank
The *Hôtel des Invalides* was built by Louis XIV, the 'Sun King' for wounded soldiers—later it became the tomb of Napoleon. Louis XV built the *Ecole Militaire* and laid out the *Champ-de-Mars*.

### Rive gauche
*L'Hôtel des Invalides* fut construit par Louis XIV, le 'Roi Soleil' pour servir d'hospice aux soldats blessés—plus tard le Dôme devint le tombeau de Napoléon Bonaparte. *L'Ecole Militaire* et le *Champ de Mars* furent créés par Louis XV.

The French revolution tore down many buildings and damaged others, as, for example, *Notre Dame*. The famous gargoyles—'The Thinker', 'Chimera' and 'Stryge'—are copies of medieval waterspouts (which is what the word means). They are the work of Viollet-le-Duc who restored the Cathedral in the 19th century.

La révolution française démolit bien des monuments et endommagea d'autre, telle que *Notre Dame*. Les célèbres gargouilles—'Le Penseur', 'Chimère', 'Stryge'—sont des copies des gargouilles médiévales. Elles sont l'oeuvre de Viollet-le-Duc qui restora la Cathédrale au 19ème siècle.

But the revolution also set up many new institutions and its slogans 'Liberty, Equality, Fraternity', are still on French coins today and on public buildings.

# INTRODUCTION

Mais la Révolution créa aussi des institutions nouvelles et ses slogans 'Liberté, Egalité, Fraternité', sont toujours sur la monnaie française et sur les bâtiments publics.

It turned the church of St. Geneviève into the *Pantheon* and the church of the *Madeleine* on the *Right Bank* very nearly into a railway station.

Elle transforma l'abbaye de Sainte Geneviève en *Panthéon* et l'église de la *Madeleine* sur la *Rive droite* faillit devenir une gare.

## Right Bank
The *Arc de Triomphe*, *Etoile* and the *Arc du Carrousel* were built by Napoleon who also added the classical front to the *Madeleine* and to its counterpart across the Seine, the *Palais Bourbon*, seat of the French Parliament.

## Rive droite
*L'Arc de Triomphe*, *Etoile* et *l'Arc du Carrousel* furent construits par Napoléon Bonaparte qui ajouta aussi la façade classique à la *Madeleine* et à son pendant de l'autre côté de la Seine, le *Palais Bourbon*, siège de l'Assemblée Nationale.

In the uprising of 1871 (the Commune) the palace of the *Tuileries* (built by Cathérine de Médicis) was burnt down and so was the *Town Hall*. The latter was rebuilt in Renaissance style (and I defy you to notice the difference!).

Le palais des *Tuileries* (construit par Cathérine de Médicis) et *l'Hôtel de Ville* furent incendiés au cours des émeutes de 1871 (la Commune). Ce dernier fut reconstruit en style Renaissance (et je vous défi d'en voir la différence!).

The *Opera*, the *Trocadero*, the *Eiffel Tower*, the *Grand* and the *Petit Palais* were all built at the turn of the century. The church of the *Sacré Coeur* was begun then but not finished until 1918.

*L'Opéra*, le *Trocadéro*, la *Tour Eiffel*, le *Grand* et le *Petit Palais* furent tous bâtis à la fin du siècle. L'église du Sacré Coeur fut commencée à cette époque mais ne fut terminée qu'en 1918.

\* \* \*

I have always loved Paris. I have loved its pastel colours, its superb architecture (even more apparent since its public buildings have been cleaned), the feeling of air and of space. To me the sky over Paris has seemed higher than elsewhere and the air as sparkling as Champagne.

J'ai toujours aimé Paris. J'ai aimé ses couleurs tendres, son architecture superbe (encore plus visibles depuis que l'on a nettoyé ses monuments), l'impression de luminosité et d'éspace. Le ciel sur Paris m'a paru plus haut qu'ailleurs et l'air pétillant comme du Champagne.

I have always appreciated the Parisian's natural wit. Once I asked a Paris policeman where the rue Dulong was. 'La rue Du*long* tout *court*?' he replied, quick as lightning. ('The rue Du*long* in *short*?')

J'ai toujours apprecié l'ésprit du Parisien. Un jour je demandai à un agent parisien où se trouvait la rue Dulong. 'La rue Du*long* tout *court*?' m'a-t-il répondu dans un clin d'oeil.

Or take the witty fishmonger on the *Ile St. Louis* who calls his shop '*Au Rougets de l'Ile*'. (Can you spot the pun?)[1]

Ou prenez le poissonnier plein d'ésprit qui a appelé sa poissonnerie dans l'*Ile Saint Louis* '*Aux Rougets de l'Ile*'. (Pouvez vous reconnaître le jeu de mot?)[1]

To me there is nothing strange in the fact that people talk loudly and volubly—their gestures a natural accompaniment to conversation—nor that they shake hands when they meet and when they leave, nor that they often embrace in public.

Le fait que l'on parle à haute voix et volubilement—les gestes accompagnant la conversation d'une façon toute naturelle—ne m'étonne pas, ni que l'on se donne la main quand on se rencontre et lorsqu'on se quitte, ni que l'on s'embrasse souvent dans la rue.

But I can see that it might seem strange to you, especially on a first visit. This guide has been written to make all this easier for you and to acquaint you with the different customs, money, food (and try not to sigh nostalgically for Fish-and-Chips on the banks of the Seine!) It has been written with the visiting young (of all ages) in mind and

---

[1] For solution see end of book.
Voir la solution à la fin du livre.

in two languages so as to serve both as a guide and as practice in French. I have aimed at using colloquial French and everyday expressions as much as possible.

Mais je peux imaginer que tout cela vous paraitra bizarre, particulièrement si cela est la première fois que vous visitez Paris. Ce guide a été écrit pour vous faciliter les choses et pour vous mettre au courant en ce qui concerne les coutûmes, l'argent, la cuisine différents (et essayez de ne pas soupirer nostalgiquement pour 'Fish-and-Chips' au bord de la Seine!) Il s'adresse surtout aux jeunes (de tout age) en visite à Paris et il a été écrit en deux langues pour que l'on puisse s'en servir non seulement comme guide mais qu'il puisse vous initier dans le Français tel qu'on le parle couramment. J'ai donc essayé d'employer autant que possible les expression de la vie courante.

If it has shown you that Paris is fun it will have achieved its object.

S'il vous a montré que Paris est amusant il aura atteint son but.

PART ONE

# Out-of-Doors

## Chapter 1: DISCOVERING PARIS

What I love about Paris are its wide and splendid avenues, its tree-lined Boulevards and its superb vistas which make it one of the most beautiful cities in Europe.

Ce que j'aime à Paris ce sont les larges avenues splendides, les Boulevards bordées d'arbres et les panoramas superbes qui en font d'elle une des plus belles villes en Europe.

For this I take off my hat to *Napoleon III*—great-nephew of Napoleon Bonaparte—and to his police prefect, *Baron Haussmann*.

Pour ceci je tire mon chapeau à *Napoléon III*—l'arrière petit-neveu de Napoléon Bonaparte—et à son préfet de police, le *Baron Haussmann*.

But before we go any further let us look at Paris on a map.

Mais avant de continuer regardons Paris sur une carte.

You will immediately notice that the Seine divides the city into two unequal parts. The northern part is known as the *Right Bank*, the southern part as the *Left Bank*. Why not 'North Bank' and 'South Bank' as in London? Because to the French it seems more logical to refer to the banks of a river in accordance with its course: this has been so since time immemorial. (Rouen is another example.)

Vous vous rendrez compte immédiatement que la Seine divise la ville en deux parties inégales. La partie nord est connue comme la *rive droite*, la partie sud comme la *rive gauche*. Pourquoi pas 'rive nord' et 'rive sud' (comme à Londres)? Parce-qu'il parait plus logique aux Français de parler des rives d'un fleuve en se référant à son cours. Ceci a été ainsi depuis toujours. (Rouen en est un autre exemple.)

Have another look at your map.

Regardez de nouveau votre plan.

You will see how many straight roads there are in Paris: twelve radiate from the Etoile; others cross Paris from north to south and from east to west; some look as if they had been drawn with the aid of a ruler—and this is exactly what happened.

Vous verrez combien il y a des rues droites à Paris: douze partent de l'Etoile; d'autres traversent Paris du nord au sud et de l'est à l'ouest; certaines ont l'air d'avoir été tirées à la règle—et c'est exactement ce qui s'est produit.

The Emperor's red and blue pencils were indeed said to draw only straight lines and the Baron went slashing through Paris as through cheese, tearing down much that was old and historical in the process and laying himself open to a lot of criticism on that account.

On disait en effet que les crayons rouges et bleus de l'Empereur ne traçaient que des lignes droites et ainsi le Baron coupa-t-il dans Paris comme dans un fromage et démolit beaucoup de ce qui était vieux et historique, s'attirant ainsi bien des reprobations.

There is in fact no monument to Baron Haussmann in the whole of Paris (though one of the main arteries—the *Boulevard Haussmann*—bears his name).

En fait il n'y a pas un seul monument dédié au Baron Haussmann à Paris (bien qu'une de ses artères principales—le *Boulevard Haussmann*—porte son nom).

In the course of his 'town-planning' he demolished all the old buildings around Notre Dame, enlarged the Place du Parvis in front of the Cathedral; added seven avenues to those radiating from the Place de l'Etoile; planted 75,000 trees on the Boulevards and created several parks: the *Bois de Boulogne* in the west and its counterpart in the east, the *Bois de Vincennes*: the parks of *Monceau*, *Montsouris* and *Buttes-Chaumont*, for both he and the Emperor were great anglophiles and tried to create in Paris the parks Napoleon III so greatly admired in London.[1]

Au cours de son 'urbanisme' il fit démolir toutes les vieilles maisons autour de Notre Dame; il aggrandit la Place du Parvis devant la Cathédrale; il ajouta sept avenues à celles qui partirent de la Place

---

[1] Napoleon III died in exile at Chislehurst, Kent.
Napoléon III mourut en exile à Chislehurst, Kent.

de l'Etoile; il planta 75,000 arbres sur les Boulevards et créa plusieurs parcs: le *Bois de Boulogne* à l'ouest et son pendant à l'est, le *Bois de Vincennes*, les parcs *Monceau*, *Montsouris* et les *Buttes-Chaumont*, car lui et l'Empereur étaient des anglophiles et essayèrent de créer à Paris les parcs que Napoléon III avait tant admirés à Londres.

(With what results we shall see later.) No one, however, can bear him a grudge for the Paris Boulevards.

Mais personne ne peut lui en vouloir à cause des Boulevards parisiens.

Have you ever asked yourself how this word came into being?

Ne vous êtes-vous jamais demandé l'origine du mot 'Boulevard'?

Originally it meant the same as 'bulwark' and you can, in fact, in the case of most Paris Boulevards follow ancient ramparts built by French kings and so follow the development of Paris at the same time.

Originellement c'était la même chose que des ramparts et vous pouvez en fait tracer sur la plupart des Boulevards de Paris les anciennes fortifications construites par des rois français, et suivre en même temps le développement de Paris.

### Left Bank
Take the *Boulevard St. Germain*. This follows part of the ramparts built by Philip-Augustus.

**Rive gauche**
Prenez le *Boulevard St. Germain*. Il suit en partie les ramparts construits par Philippe-Auguste.

The *Boulevard St. Michel* which cuts the *Boulevard St. Germain* at right angles is an exception: it was once a Roman road.

Le *Boulevard St. Michel*—qui coupe le *Boulevard St. Germain* à angle droite—est une exception: c'était jadis une voie romaine.

### Right Bank
The *Grands Boulevards*—which extend roughly from the *Madeleine* to the *Carrefour Richelieu-Drouot*—(nicely straightened out and

widened by Baron Haussmann)—follow the ramparts built in the period Charles IX to Louis XIII.

**Rive droite**
Les *Grands Boulevards*—qui s'étendent approximativement de la *Madeleine* au *Carrefour Richelieu-Drouot* (convénablement redressés et élargis)—suivent les ramparts construits pendant la période de Charles IX à Louis XIII.

Different sections have different names.

Les différents tronçons portent des noms différents.

*Bd. des Capucines:* From the *Pl. de la Madeleine* up to *Pl. de l'Opéra*. The Boulevard takes its name from a Capucin convent which once stood there.

*Bd. des Capucines:* De la *Pl. de la Madeleine* jusqu'à la *Pl. de l'Opéra*. Le Boulevard doit son nom au couvent des Capucines qui s'y trouvait jadis.

*Bd. des Italiens:* Takes over where Bd. des Capucines leaves off: a little beyond *Pl. de l'Opéra*. Extends as far as *Carrefour Richelieu-Drouout*. Takes its name from the Théatre des Italiens which once stood here.

*Bd. des Italiens:* Continue là où le Bd. des Capucines s'arrêt: un peu au-delà de la *Pl. de l'Opéra*. Il s'étend jusqu'au *Carrefour Richelieu-Drouot*. Doit son nom au Théatre des Italiens qui s'y trouvait jadis.

**Right Bank**
*Bd. Haussmann:* immortalises the Baron and starts from the *Carrefour Richelieu-Drouot* and extends westward as far as *Place St. Augustin*.

**Rive droite**
*Bd. Haussmann:* immortalise le Baron et part du *Carrefour Richelieu-Drouot* allant vers l'ouest jusqu'à la *Pl. St. Augustin*.

*Rue Royale:* once part of the ramparts built by Louis XIII. Links *Place de la Concorde* with the *Place de la Madeleine*.

*Rue Royale:* faisait parti jadis des remparts construits par Louis XIII. Unit la *Pl. de la Concorde* avec la *Pl. de la Madeleine*.

Surrounding Paris in two great concentric rings are the *Boulevards Extérieurs* and the *Boulevards d'Enceinte*.

Les *Boulevards Extérieurs* et les *Boulevards d'Enceinte* entourent Paris de deux grands anneaux concentriques.

The *Bds. Extérieurs* follow the former 'Wall of the Fermiers-Généraux', fortifications built in 1784 and later demolished. They were named after France's first tax-collectors, the 'Fermiers-Généraux' introduced by Colbert, Finance Minister of Louis XIV; the walls were built to prevent tax evasion. They were so unpopular that a wit made this pun:
'Le mur murant Paris rend Paris murmurant.'

Les *Bds. Extérieurs* suivent l'ancien 'Mur des Fermiers Généraux', fortifications construites en 1784 et démolies plus tard. Elles doivent leur nom au premiers percepteurs d'impôts, introduits par Colbert Ministre des Finances sous Louis XIV—les Fermiers-Généraux; les murs furent construits pour empêcher la fraude fiscale. Ils furent si malconsidérés qu'un Parisien spirituel eut ce jeu de mots:
'Le mur murant Paris rend Paris murmurant.'

Of these walls five former toll-gates remain: two of them stand at the entrance to the *Catacombs*.

Il en reste encore cinq pavillons: deux d'entre eux se trouvent à l'entrée des *Catacombes*.

The *Bds. d'Enceinte* are an outer ring of ramparts built in 1845. Torn down, the route of the PC (circle line) bus follows them closely today.

Les *Bds. d'Enceinte* sont un dernier anneau de remparts construits en 1845. Démolis, la route de l'autobus PC les suit étroitement aujourd'hui.

\*     \*     \*

### Right Bank
The most famous of all the *Avenues* in Paris though seldom quoted by its full name is the *Avenue des Champs-Elysées*—it starts at the *Place de la Concorde* and leads up to the *Arc de Triomphe*.

### Rive droite
La plus célèbres de toutes les *Avenues* à Paris, bien que l'on ne

l'appelle que rarement par son nom complet est *l'Avenue des Champs-Elysées*—elle commence à la *Place de la Concorde* et mène à *l'Arc de Triomphe*.

### Right Bank
The *Avenue Foch* is the widest of the twelve avenues radiating from the *Place de l'Etoile*: it leads to the Bois de Boulogne (Porte Dauphine).

### Rive droite
*L'Avenue Foch* est la plus large des douze avenues qui partent de la Place de l'Etoile: elle mène au Bois de Boulogne. (Porte Dauphine.)

### Right Bank
The *Avenue de l'Opera* is the most central of all avenues leading from the former Place du Théâtre Français (today *Place Colette*) to the Opera.

### Rive droite
*L'Avenue de l'Opéra* est la plus centrale de toutes les avenues, partant de l'ancienne Place du Théâtre Français (aujourd'hui *Place Colette*) et allant à l'Opéra.

Which are the most famous streets in Paris?

Quelles sont les rues les plus célèbres a Paris?

The *Rue de la Paix*—from Place de l'Opéra to Place Vendôme. Full of beautiful shops.

La *Rue de la Paix*—entre la Place de l'Opéra et la *Place Vendôme*. Possède des magasins élégants.

The *Rue du Faubourg St. Honoré*—from rue Royale to Place des Ternes. Here stands the Palais de l'Elysées, the official residence of the French President and the British Embassy. An expensive shopping centre.

La *Rue du Faubourg St. Honoré*—partant de la rue Royale et allant à la place de Ternes. Ici se trouve le Palais de l'Elysée, la résidence officielle du Président français et l'Ambassade britannique. Des magasins très chers.

## Right Bank

The Rue du Faubourg St. Honoré turns into the *Rue St. Honoré* once you cross the rue Royale. This is the smart end. It starts from very humble beginnings near the Halles.

### Rive droite

La Rue du Faubourg St. Honoré devient la *Rue St. Honoré* dès que vous traversez la rue Royale. C'est la partie chic. Elle débute très modestement près des Halles.

The *Rue de Rivoli* starts equally humbly beyond the Hotel de Ville and makes its way in the world. It is smart at the Place de la Concorde end. This street is the second longest in Paris: the longest is the *rue de Vaugirard*.

La *rue de Rivoli* débute aussi modestement au-delà de l'Hôtel de Ville et fait son chemin dans le monde. Elle est chic vers la Place de la Concorde. Cette rue est la deuxième rue en longueur de Paris: la rue la plus longue c'est la *rue de Vaugirard*.

As to the squares in Paris, the queen of them is obviously the *Place de la Concorde*, the most beautiful and the largest square in Europe (85,000 sq. yds.). Where once the guillotine stood now stands the Obelisk of Luxor, a gift of the Sultan Mehmet Ali to Napoleon. It is 75 ft high and weighs over 150 tons.

En ce qui concerne les places[1] à Paris la reine en évidemment la *Place de la Concorde*, la plus belle et la plus vaste place en Europe (84.000 m²). A l'endroit, où se dressait jadis la guillotine, se trouve aujourd'hui l'obélisque de Luxor, un cadeau du Sultan Mehmet Ali à Napoléon. Elle fait 24 m de haut et pèse plus de 200 tonnes.

The *Rue Royale* links the Place de la Concorde with the Place de la Madeleine.

La *Rue Royale* unit la Place de la Concorde à la Place de la Madeleine.

Paris has twenty 'arondissements' or administrative districts. Eleven of these are on the *Right Bank*, eight on the *Left Bank* and one covers the *Ile de la Cité* and the *Ile St. Louis*. Each arondissement is subdivided into four 'quartiers'.

[1] Les *squares* sont des petits jardins publics.

Paris possède vingt 'arrondissements'. Onze se trouvent sur la *rive droite*, huit sur la *rive gauche* et un comprend *l'Ile de la Cité* et *l'Ile St. Louis*. Chaque 'arrondissement' est subdivisé en quatre 'quartiers'.

The smart end of Paris lies in the West: all around the Bois de Boulogne, the Champs-Elysées, the Madeleine and the Opera; it extends northwards to the Parc Monceau and south across the river to the Champ-de-Mars and the Eiffel Tower.

Les beaux quartiers de Paris se trouvent dans l'ouest: tout autour du Bois de Boulogne, des Champs-Elysées, de la Madeleine et de l'Opéra; ils s'étendent au nord jusqu'au Parc Monceau et au sud jusqu'au Champs-de-Mars et à la Tour Eiffel.

The 20 arrondissements of Paris are:

Les 20 arrondissements de Paris sont:

1—Louvre
2—Bourse
3—Temple
4—Hotel de Ville
5—Panthéon
6—Luxembourg
7—Palais Bourbon
8—Elysées
9—Opéra
10—St. Laurent
11—Popincourt
12—Reuilly
13—Gobélins
14—Observatoire
15—Vaugirard
16—Passy
17—Monceau/Batignolles
18—Montmartre
19—Buttes-Chaumont
20—Ménilmontant

The smart end of Paris lies in the West: all around the Bois de Boulogne, the Champs-Elysées, the Madeleine and the Opera. It extends northwards to the Parc Monceau and south across the river to the Champ-de-Mars and the Eiffel Tower.

Les beaux quartiers de Paris se trouvent dans l'ouest : tout autour du Bois de Boulogne, des Champs-Elysées, de la Madeleine et de l'Opéra. Ils s'étendent au nord jusqu'au Parc Monceau et au sud jusqu'au Champs-de-Mars et à la Tour Eiffel.

Unlike London, however, there is no 'East End'. The working-class districts are scattered throughout Paris, but most of all they are on the outskirts of Paris, as you will be able to see for yourself coming in to Paris from the airport.

Mais la difference avec Londres c'est qu'il n'y a pas de 'East End'. Les quartiers ouvriers sont parsemés dans Paris mais situés surtout à la périphérie, comme vous pourrez aisément constater vous-même venant de l'aéroport à Paris.

Cities, like human beings, grow and change. Neither Montmartre nor Montparnasse are uniquely artists' haunts anymore and parts of Belleville—the East end of Paris—are having a face-lift.

Les villes changent et se développent comme les individus. Ni Montmartre ni Montparnasse ne sont plus uniquement des quartiers d'artistes et certaines parties de Belleville—un quartier ouvrier—sont en train de rajeunir.

New modern buildings are going up everywhere. (The Parisians have a name for them: they call them 'rabbit-hutches'.) Among the most outstanding are: the AIR FRANCE skyscraper complex in Montparnasse; the Y-shaped UNESCO building, the circular Radio and TV centre (5000 windows) and the Exhibition building of the C.N.I.T.[1]— all glass and concrete, its roof supported at only three points—have become part of the Paris scene.

On construit des nouveaux bâtiments modernes partout (Les Français les appellent des 'cages-à-lapins). Parmi eux les plus spéctaculaires sont: le complexe géant d'AIR FRANCE à Montparnasse; le palais de l'UNESCO en forme d'Y; la maison circulaire de la O.R.T.F. (5000 fenêtres); le palais du C.N.I.T.[1] tout en verre et en beton armé, le toit n'étant souteneu qu'en trois points. Ils sont devenus partie intégrale de Paris.

[1] O.R.T.F.—Organisation de la Radio-Television Française.
C.N.I.T.—Centre National d'Industrie et Technique.

The Parisians do not even bother to look any more.
Les Parisiens ne se donnent même plus la peine de les regarder.

\*       \*       \*

## Crossings
Cars drive on the *right* in France and traffic is fast-moving in Paris. Watch the traffic lights and stick to pedestrian crossings. There are no children's crossings but often a policeman will wave you across. He is *always* a police officer in Paris, by the way—*never* a Gendarme. Those speaking English wear armbands.

### Les passages cloutés
Les voitures circulent sur la *droite* en France et très vite à Paris. Faites attention aux feux et tenez vous aux passages cloutés. Il n'y a pas de passages proprement dits pour les écoliers, mais l'agent vous fera passer. C'est d'ailleurs *toujours* un agent de police à Paris—*jamais* un Gendarme. Ceux qui parlent anglais portent un brassard.

## Street Names
Paris streets are not only named after famous men—such as the *Avenue du Général Leclerc*[1]—the general who liberated Paris in 1944—but also after unknown heroes such as *Sérgent Bauchat*, a fireman.

### Les noms des rues
Les rues de Paris ne portent pas seulement les noms d'hommes célèbres—telle que *l'Avenue du Général Leclerc*[1]—le Général qui libera Paris en 1944—mais aussi de héros inconnus tel que celui du *Sérgent Bauchat*, un pompier.

Queen Victoria has not been forgotten, nor Sir Winston Churchill (the Alexander III bridge has been rechristened *Winston Churchill bridge*) or President Kennedy (*Quai du Président Kennedy*).

On n'a pas oublié la reine Victoria (*Avenue Victoria*), ni Sir Winston Churchill (on a rebaptisé le pont Alexandre III *Pont Winston Churchill*), ni le Président Kennedy (*Quai du Président Kennedy*).

---

[1] Formerly the Avenue d'Orléans.
Anciennement l'Avenue d'Orléans.

## DISCOVERING PARIS

Only occasionally, however, are the same types of names grouped together. The *quartier Europe* (around the *St. Lazare* station) is an example: all the streets are named after European cities: *Rue de Londres, rue d'Amsterdam, rue de Rome* and so on.

Mais le même genre de nom ne se trouve réunit que rarement. Le *quartier Europe* (autour de la gare *St. Lazare*) en est un exemple. Toutes les rues portent les noms des villes d'Europe: la *rue de Londres*, la *rue d'Amsterdam*, la *rue de Rome* et ainsi de suite.

Another example is around the former *Halle aux Vins* or around the *Quai de Bercy*, the commercial port of Paris. Here streets bear the names of wines—such as the *rue de Graves* or the *rue de Macon*.

Un autre exemple se trouve autour de l'ancienne *Halle aux Vins* ou autour du *Quai de Bercy*, le port commercial de Paris. Ici les rues portent les noms de vins—telle que la *rue de Graves* ou la *rue de Macon*.

Street names change too. The *Place du Théâtre Français*, for example (outside the Comédie Francaise), has become *Place Colette* (the famous woman writer). You can see how new the plaque is.

Les noms des rues changent elles aussi. La *Place du Théâtre Français* (devant la Comedie Française) est aujourd'hui devenue la *Place Colette* (l'ecrivain femme célèbre). On peut voir que la plaque est toute neuve.

### Street Numbering
All Paris street numbers start from the Seine. Sometimes a number may be repeated two or three times, i.e. 53: 53bis, 53ter.

### Les Numéros des rues
Les numéros des rues de Paris commencent tous à la Seine. Parfois les numéros se répètent deux ou trois fois, p.e. 53: 53bis, 63ter.

## Chapter 2: THE EIFFEL TOWER

To me the Eiffel Tower looks like a super-giraffe, with its four feet deeply embedded in the ground and its metal head reared haughtily into the Paris sky. It rather spoils the beauty of the Champ-de-Mars.

Pour moi la Tour Eiffel ressemble à une girafe géante, avec ses quatre pattes profondément enfoncées dans le sol et dressant avec hauteur sa tête métallique dans le ciel parisien. Elle gâche plutôt la beauté du Champ-de-Mars.

But tastes differ. The majority of people like it and it has become a landmark of Paris. Built for the World Exhibition of 1889 its history is short but eventful.

Mais il en faut pour tous les goûts. Elle plaît à la majorité des gens et elle est devenue un symbole de Paris. Construite pour l'Exposition Mondiale de 1889 son histoire est brève mais remplie d'évènements.

The Tower was inaugurated by Edward VII, Prince of Wales, and was at the time the highest structure in the world. Later early wireless transmitters were installed on its summit. The Tower proved a challenge to many. In 1945 an American airman landed a small plane between two pylons. In 1949 the Bouglione brothers, circus owners, transported in one of its lifts an elephant born under Louis XV. (How old does that make him?) And in 1964 British and French mountaineers had a race to see who could climb to the top first. The race was televised. What was not seen on television was the exploit of a television engineer on a wintry day when the lift was out of order: he climbed the 1,625 stairs to get to his job.

La Tour fut inaugurée par Edouard VII, Prince de Galles, et était à l'époque le plus haut édifice du monde. Plus tard on installa au sommet les premiers émetteurs de T.S.F. Cette tour mit beaucoup de gens en défi. Un aviateur américain réussit à attérir entre deux piliers en 1945. Les frères Bouglione, propriétaires de cirque y firent monter en ascenseur un éléphant né sous Louis XIV. (Quel

The Cathedral of Notre Dame

The pond of the Tuileries Gardens

Lake in Bois de Vincennes

âge avait-il donc?) Et en 1964 deux alpinistes, l'un anglais, l'autre français, escaladèrent la Tour Eiffel en une course qui fut télévisée. Ce qui ne fut pas télévisée ce fut l'exploit d'un ingénieur de la télévision qui, un jour d'hiver, quand l'ascenseur était en panne, dût grimper les 1,625 marches pour arriver à son travail.

If you come by métro you will get a close-up view of the tower as the Métro crosses the Seine between *Passy* and *Bir Hakim*. On the way to the tower you will pass a sports ground and will probably see people playing a game of *Pétanque* in the street: this is a kind of French cousin of bowling (using a metal ball, however, instead of a wooden one). At the foot of the Tower there will very likely be Mr. Victor Muzzone, selling sweets or hot chestnuts (according to season) from his miniature railway engine called 'La Légendaire'; it is decorated with photographs and postcards. Everyone seems to want to be photographed by him ever since his father started the business 45 years ago.

Si vous venez par le Métro vous verrez la Tour en premier plan entre les stations de *Passy* et de *Bir Hakim*, quand le Métro traverse la Seine. En allant vers la Tour vous allez passer un terrain de sports et vous verrez probablement les joueurs de *Pétanques* dans la rue: c'est une éspèce de cousin français du bowling (mais on se sert d'une boule en métal au lieu d'une boule en bois). Au pied de la Tour il y aura très probablement M. Victor Muzzone, qui vend de la confiserie ou des marrons chauds (suivant la saison): sa locomotive miniature s'appelle 'La Légendaire'; elle est décorée de photographies et de cartes postales. Tout le monde veut se faire photographier par lui, semble-t-il, depuis que son père s'est établi ici il y a 45 ans.

The tower appears on every photograph and is the star attraction. Consider its vital statistics: its 15,000 metal pieces are held together by 2,500,000 rivets; it weighs about 7,500 tons (of which 7,000 are made up of metal parts). The total height is 984 ft—including the new television aerial which has added 22 ft to it; in summer it is from 5 to 6 in. higher for it expands under the effect of heat, moving away from the sun in a curve which returns at night to the morning point of departure. Heavy winds cause the summit to sway in an ellipse the axis of which can attain from 3.4 to 4.6 in. Every year the tower gets a new coat of paint: from 35 to 40 tons of paint are used.

It costs about 7,500,000 gold Francs per kilogramme[1]—which is roughly over £5 million.

La tour apparait sur toutes les photographies et en est la vedette. Pensez aux statistiques vitales: ses 15,000 pièces métalliques sont assemblées par 2,500,000 rivets; elle pèse environ 7,500 tonnes (dont 7,000 pour la partie métallique). La hauteur totale—ci-inclus la nouvelle antenne de la télévision qui l'a allongée de 7 m—est de 320 m; en été elle est de 10–12 cm plus haute, car elle se dilate sous l'effet de la chaleur, s'éloignant du soleil dans une courbe qui vient se refermer le soir sur le point de départ matinal. Sous l'action des vents violents le sommet décrit une éllipse dont les axes peuvent atteindre de 10–12 cm. On repeint la tour tous les 7 ans: il faut de 35–40 tonnes de peinture. Elle a coûté environ 7,500,000 Francs or, ce qui represente approximativement plus de 5 millions livres.

The highest point the public has access to is at 377 ft. There are three lifts: those in the east and west pylon work on a gradient and go up to the 1st and 2nd floor; the third one has a vertical shaft and goes up to the 3rd and top floor. You change lifts on the 1st floor so *hang on to your tickets*—you will need them later.

Le point le plus élévé où le public est admis se situe à 278 m. Il y a trois ascenseurs: ceux dans les piliers est et ouest sont d'inclinaison variable et vous amèneront au 1er et 2ème étage; le troisième-vous amènera au 3ème et dernier étage. Il est vertical. Il vous faudra changer d'ascenseur au 1er étage—gardez-donc vos billets—vous en aurez besoin plus tard.

187 ft. (347 steps)
From the 1st floor you have a splendid view of the beautiful gardens of the *Champ-de-Mars*. This is where the anniversary of 'Bastille Day'—July 14, 1790—was celebrated for the first time. You also get a close-up view of the *Ecole Militaire* and of the *Hôtel des Invalides* on the *Left Bank*. The big white building directly across the Seine on the *Right Bank* is the *Palais de Chaillot* (now housing Museums).

---

[1] 1 kilogramme (kg)—2.2 lb.

## THE EIFFEL TOWER

57 m., 73 (347 marches)
On a une vue splendide des beaux jardins du *Champ-de-Mars* du 1er étage. C'est là que se déroula pour la première fois la Fête du 'Quatorze Juillet'—le 14 juillet 1790. Vous voyez aussi en grosplan *l'Ecole Militaire* et *l'Hôtel des Invalides* sur la *Rive gauche*. Le grand édifice blanc de l'autre côté de la Seine sur la *Rive droite* c'est le *Palais de Chaillot* (qui aujourd'hui abrite des Musées).

There are telescopes and souvenir shops on every floor; on this floor there is one of the most famous Restaurants in Paris (leave it for when you win the football pools!) but there's a Café cleverly built around the pylons: from the outside the windows look as dark as those on the Beatles' car, but you can see out quite clearly.

Il y a des téléscopes et des boutiques qui vendent des souvenirs sur chaque étage; au 1er étage se trouve un des plus célèbres Restaurants de Paris (laissez-le de côté pour le jour où vous aurez gagné le Gros Lot!). Mais il y a un Café ingénieusement construit autour des pylones: de l'extérieur les vitres semblent aussi foncés que celles de la voiture des Beatles, mais on voit bien clair de l'intérieur.

377 ft. (674 steps)
Right Bank
From the 2nd floor there is a wonderful view over the whole of Paris and it is easy to pick out the most important monuments: the *Arc de Triomphe* (north of the tower)—west of it is a green expanse: the *Bois de Boulogne*. Over to the east are the green roofs of the *Madeleine* and of the *Opera*, and nearer to you those of the *Petit* and the *Grand Palais* (where exhibitions are held). Further east: the *Louvre* and the *Tuileries* gardens and right in the east the green expanse of the *Bois de Vincennes*.

115 m., 631 (674 marches)
Rive droite
Du 2ème étage il y a une vue magnifique sur tout Paris et il est facile de reconnaître les monuments les plus importants: *l'Arc de Triomphe* au nord de la Tour)—à l'ouest une étendue verte: le *Bois de Boulogne*. Vers l'est les toits verts de la *Madeleine* et de *l'Opéra* et plus près de vous le *Petit* et le *Grand Palais* (où se

tiennent des Expositions). Plus à l'est: le *Louvre* et le *Jardin des Tuileries* et tout à fait à l'est une autre étendue verte: le *Bois de Vincennes*. Vous ne pouvez pas manquer de voir le Sacré Coeur sur la colline.

### Ile de la Cité
Looking towards the east you will easily pick out the twin towers of *Notre Dame* and the spire of the *Sainte Chapelle*.

### Ile de la Cité
Vous pourrez facilement identifier les tours jumelles de *Notre Dame* et la flêche de la *Sainte Chapelle* en regardant vers l'est.

### Left Bank
Nearly in a direct line with Notre Dame, but behind it, is the dome of the *Pantheon*—nearer to you, in the forefront, the golden cupola of the *Institut de France*. Behind the Ecole Militaire is the UNESCO building and in the background the AIR FRANCE skyscraper complex in Montparnasse.

### Rive gauche
Le dôme du *Panthéon* est presqu'en ligne droite avec Notre Dame, mais à l'arrière plan—plus près de vous, au premier plan, la coupole dorée de *l'Institut de France*. Derrière l'Ecole Militaire se trouve le palais de l'UNESCO et à l'arrière-plan le complexe des grattes-ciel d'AIR FRANCE à Montparnasse.

### 898 ft.
The third floor is enclosed by glass. There is therefore no danger of feeling dizzy. A few more steps lead the intrepid to an open platform (where Gustave Eiffel is said to have built himself an eyrie). The view extends over 42 miles and all of Paris and its surroundings are spread out before you like a map.

### 273 m. 87
Le 3ème étage est entouré par verre. Il y a donc aucun danger de vertige. Quelques marches vous amènent sur une plateforme en plein air (où—dit-on—Gustave Eiffel s'était construit un nid d'aigle). Tout Paris et ses environs s'étendent devant vous comme une carte géographique.

## THE EIFFEL TOWER

914 ft. (1625 steps)
This is the highest point to which the public is admitted.

278 m. 70 (1625 marches)
C'est le point le plus haut auquel le public est admis.

There are 1710 steps to the top.
Il y a 1710 marches jusqu'au sommet.

## Chapter 3: PARKS AND PLAYGROUNDS

The parks of Paris are lovely—but they are *very* different from the parks in London. Napoleon III and Baron Haussmann, who drew their inspiration from English parks, may have done their best to transplant them, but they overlooked one essential point. And what do we find as a result? Signs up everywhere saying: *It is forbidden to walk on the grass.*

Les parcs de Paris sont merveilleux—mais ils sont *bien* différents des parcs de Londres. Napoléon III et le Baron Haussmann qui s'inspirèrent des parcs anglais ont fait de leur mieux pour les transplanter, mais ils negligèrent un point essentiel. Et qu'en est-il devenu? On trouve des pancartes partout qui disent: *Il est interdit de marcher sur la pelouse.*

French gardens thus are formal: they have beautiful flowerbeds, statues, ponds and well-defined pathways to walk on. Playgrounds have merry-go-rounds, swings, sand pits, donkey rides and goat-drawn carriages and in nearly every Paris park there is a 'Punch and Judy' show.

Jes jardins français sont donc des jardins dessinés avec soin: ils ont des beaux parterres de fleurs, des statues, des pièces d'eau et des allées bien définies pour les proménades. Les terrains de jeux ont des manèges, des balançoires, des tas de sable, des promenades à dos d'ânes et des petites voitures traînées par des chèvres. Et dans presque chaque parc de Paris il y a un guignol.

### Right Bank
The first park in Paris was the *Tuileries gardens*: they were part of the ground belonging to the Palais des Tuileries built by Catherine de Médicis in 1563.[1] A hundred years later Le Nôtre, landscape-

---

[1] The palace of the Tuileries took its name from the 'Tuileries'—the brick quarries then on the banks of the Seine. It was burnt down by the Commune in 1871 and only two pavilions have remained standing: the *pavillon de Flore* and the *pavillon de Marsan*.

gardener at the Tuileries, improved it: it is much the same today. It is here that the 'Marseillaise'—the French National Anthem—was sung for the first time during the French revolution.

### Rive droite
Le *jardin des Tuileries* fut le premier parc à Paris; les terrains faisaient partie du Palais des Tuileries construit par Cathérine de Médicis en 1563.[1] Cent ans plus tard, Le Nôtre, jardinier aux Tuileries, l'embellit: il n'a pas beaucoup change depuis. Ici on chanta pendant la révolution française pour la première fois la 'Marseillaise'—l'hymne nationale.

There are two ponds: the one for sailing boats in is near the Place de la Concorde end—the man hiring them out may well be the other end, however, near the pond at the Arc du Carousel.

Il y a deux petits bassins celui où on peut faire voguer les bateaux se trouve vers la Place de la Concorde—bien que l'homme qui les loue puisse bien se trouver à l'autre bout, près du petit bassin à l'arc du Carrousel.

Near the rue de Rivoli end is a small Punch and Judy show and donkeys for hire.

Le guignol se trouve vers la rue de Rivoli, où on peut aussi se promener à dos d'ânes.

### Left Bank
The *Jardin des Plantes* was established in the 17th century as a Royal medicinal herb garden and was the first botanical garden in Paris.

### Rive gauche
Le *Jardin des Plantes* fut créé au 17ème comme jardin royal d'herbes médicinales et fut le premier jardin botanique de Paris.

The gardens are twice as large today as they were in the days of Louis XIII. Main entrance is from *Place Valhubert*. A notice warns: *transistors are strictly forbidden* (as in some London parks).

---

[1] Le palais des Tuileries tient son nom des 'Tuileries' au bord de la Seine à l'époque. Il fut incendié par la Commune en 1871 et seuls deux pavillons en sont restés: le *pavillon de Flore* et le *pavillon de Marsan*.
The 'tuile' (brick) still turns up in colloquial speech today.
On s'en sert encore aujourd'hui de la 'tuile' dans le langage courant et si on estime ne pas avoir eu de la chance on dit: 'Une tuile vient de m'arriver.' ('I've had bad luck!')

L'étendue des jardins est deux fois plus grande aujourd' hui qu'à l'époque de Louis XIII. L'entrée principale est *Place Valhubert*. Un avis vous prévient: *l'usage des transistors est rigoureusement interdit*. (Comme dans certains parcs londoniens.)

The big building facing you is the *Museum of Natural History*.

Le grand bâtiment en face est le *Musée d'Histoire Naturelle*.

The *Alpine garden* is filled with rare plants from the Alps, the Pyrenees, the Himalayas and even the Arctic circle.

Dans le *jardin alpin* croissent des plantes rares des Alpes, des Pyrénées, de l'Himalaya et même de l'Arctique.

The *miniature golf* is next to the *Buffon*[1] maze. (The maze is disappointing.) Entrance to the golf course is *free* for adults accompanying children who may play as many rounds as they like: equipment is supplied.

Le *mini-golf* se trouve à côté du labyrinthe de Buffon.[1] (Le labyrinthe est decevante.) L'entrée au golf est *gratuite* pour les accompagnateurs et les enfants peuvent jouer autant qu'ils désirent: on fournit l'équipement.

### Right Bank
The *gardens of the Palais-Royal* are quiet and peaceful today. Yet it was here that Camille Desmoulins harangued the crowd at the outbreak of the French revolution; and it is here, at a shop beneath the arcades, where Charlotte Corday bought the knife she stabbed Marat with.

### Rive droite
Les *jardins du Palais-Royal* sont calmes et tranquilles aujourd'hui. Cependant ce fut là que Camille Desmoulins haranguait la foule au debut de la Révolution française; et c'est là, dans un magasin au-dessous des arcades que Charlotte Corday acheta le couteau avec lequel elle poignarda Marat.

---

[1] *Buffon* was a famous 18th-century botanist.
*Buffon* fut un botaniste célèbre du 18ème siecle.

## PARKS AND PLAYGROUNDS

**Left Bank**
The *Luxembourg gardens* are a typical 'jardin français'. They take their name from the *Palais du Luxembourg*, built in 1615 by Marie de Medicis, widow of Henry IV. Today this palace is the seat of the Senate and may not be visited except by special permission.

> **Rive gauche**
> Le *jardin du Luxembourg* est un vrai 'jardin à la française'. Son nom dérive du *Palais du Luxembourg*, construit en 1615 par Marie de Medicis, la veuve d'Henri IV. Aujourd'hui le palais est devenu le siège du Sénat et ne se visite pas, sauf par autorisation spéciale.

You can sail boats on the big octagonal pond, or hire them nearby, go for rides on donkey-back or in goat-drawn carriages. The *Punch and Judy Theatre* is at the Western end (near the Orangerie), quite near the swings.

> Vous pouvez faire voguer des petits bateaux sur le bassin octagonal, ou les louer dans le voisinage, vous promenez à dos d'ânes ou dans de petites voitures tirées par des chèvres. Le *Guignol* se trouve du côté ouest (vers l'Orangerie), tout près des balançoires.

Open-air concerts are rare in Paris parks but the band of the Gardes Républicaines plays here occasionally.

> Les concerts en plein air sont rares dans les parcs parisiens, mais la musique de la Garde Républicaine joue parfois ici.

And what became of the parks created by Baron Haussmann?

> Et que sont ils devenus, les parcs créés par le Baron Haussmann?

**Left Bank**
A good example of 'jardin anglais' is the *Parc Montsouris*, opposite the Cité Universitaire.

> **Rive gauche**
> Le *Parc Montsouris*, en face de la Cité Universitaire, est un bon exemple de 'jardin anglais'.

*This is where all Paris weather reports (including rainfall) are taken.*
> *C'est ici que l'on mesure le temps et la pluviosité de Paris.*

### Right Bank
Other parks created by Baron Haussmann are the romantic *Parc Monceau* and the more 'English' *parc des Buttes-Chaumont*. But keep off the grass!

### Rive droite
D'autres parcs créés par le Baron Haussmann sont le *Parc Monceau* (romantique) et le *parc des Buttes-Chaumont*, de style plus 'anglais'. Mais il est interdit de marcher sur la pelouse!

The beautiful *Bois de Boulogne* was modelled on Hyde Park. The elegant *Pré Catelan* and the *Jardin d'Acclimatation* are the creations of Haussmann.

Le magnifique *Bois de Boulogne* a ete créé sur le modèle de Hyde Park. L'élégant *Pré Catelan* et le *Jardin d'Acclimatation* sont des créations d'Haussmann.

There is a delightful little yellow train which takes you from the 'Café à l'Orée du Bois'[1] right to the entrance of the *Jardin d' Acclimatation*. This is predominantly an amusement park; the Zoo here is quite incidental and not very big: sometimes the animals are divided from their two-legged cousins by a deep moat but mostly they are in cages.

Il y a un ravissant petit train jaune qui part du 'Café à l'Orée du Bois' et vous conduit tout droit à l'entrée du *Jardin d'Acclimatation*. C'est tout d'abord un parc d'attractions. Le Zoo y est accéssoire et pas très grand: quelque fois les animaux sont séparés de leurs cousins à deux jambes par de grands fossés, mais pour la plupart ils se trouvent dans des cages.

What more is there to see?

Qu'y a-t-il à voir encore?

The *floral clock* (50,000 flowers used).

*L'horloge florale* (on se sert de 50,000 fleurs).

The *enchanted river* (boats glide on it as if by magic; the secret lies in the difference of levels between the two streams—23.6 inches to be exact—and the water mill which turns and supplies the current).

---

[1] *Métro: Porte Maillot.*

La *rivière enchantée* (les bateaux y glissent comme par magie; le secret consiste en la différence de niveau entre les deux rivières —60 cm, pour être exacte—et le moulin d'eau qui tourne et fournit le courant).

The *radio-controlled boats* (on the central lake; you steer them from the shore).
Les *bateaux télé-commandés* (sur le lac central; vous les guidez de la rive).

The *radio-controlled race track* (miniature cars).
Les *courses télé-guidées de voitures*.

A *traffic school* (for children)—(complete with flashing traffic lights; a real Paris policeman on point duty—'lent' by the Paris Police Prefecture—directs the traffic. And he does not mince his words either!).

Une *école routière* (pour enfants)—(avec des feux clignotants; un véritable agent de police parisien—'prêté' par la Préfecture de Police—surveille la circulation. Et il ne leur mâche pas ses mots!).

Among the other attractions are shooting galleries; a 'Wild West Saloon' (automats); a bowling alley; miniature golf and a Punch and Judy show.

Parmi les autres attractions il-y-a des stands de tir; un 'Salon du Wild West'; un bowling; un golfe miniature et un Guignol.

A favourite Sunday pastime of the Parisians is rowing on the *Lac Inférieur*. This is one of the beauty spots of the Bois. There is a wooded island in the lake—you can reach it by ferry—but it's no use patronising the Café on it unless your pockets are filled with jingling coins.

Un passe-temps favori des Parisiens est d'aller ramer sur le *Lac Inférieur*. C'est un des coins les plus jolis du Bois. Il y a une ile boisée sur le lac—vous pouvez y accéder par un bac—mais ce n'est pas la peine d'y aller à moins que vos poches ne soient remplies dés pièces sonnantes.

Walk round the lake and see if you notice a difference in level between the road and the lake. (Southern end.) Believe it or not, there *is*. The road is in fact a trifle *higher* than the lake and this small error in calculations cost the unfortunate M. Alphand who built it 150 years ago his job!

Promenez-vous autour du lac et voyez si vous vous aperceverez de la petite différence de niveau entre la route et le lac. Vous n'allez pas me croire, mais *il y en a une*. Le niveau de la route est en fait un peu plus élévé que le lac et cette petite erreur de calcul a coûté sa place au malheureux M. Alphand qui l'a construit il y a 150 ans!

The *Pré Catelan* (west of the lake) is famed for the elegance of its Restaurant—and for its prices. It is less well known as a typical 'Jardin anglais': *and this is the only park in the whole of Paris where you may walk on the grass.*

Le *Pré Catelan* (à l'ouest du lac) est célèbre pour l'élégance de son Restaurant—et pour ses prix. Il est moins connu pour son vrai caractère de 'Jardin anglais': *et c'est le seul parc a Paris où l'on vous permet de marcher sur la pelouse.*

Don't miss seeing the charming *Shakespeare Garden* within the Pré Catelan. Built around a disused open-air theatre it takes its name from the fact that plants mentioned in five of Shakespeare's plays have been planted here (often with great difficulty): and you will find plants from the forest of Arden, heather from Scotland, a Greek wood, mediterranean plants and plants growing on river banks. Can you name the plays in which these plants are mentioned? (For answers see end of book.)

Ne manquez de voir le charmant *Jardin Shakespeare* dans le Pré Catelan. Créé autour d'un Théâtre de Verdure abandonné il tient son nom du fait qu'on y a planté (souvent avec beaucoup de mal) des plantes mentionnées dans cinq pièces de Shakespeare: vous y trouverez des plantes de la forêt d'Arden, de lay bruyère d'Ecosse, du bois grec, des plantes mediterranéennes et des plantes qui croissent au bord des rivières. Pouvez-vous nommer les pièces où ces plantes ont été mentionnéss? (Pour les réponses voir à la fin du livre.)

If you are stuck for the answers have a look at the plaques in the garden—but it is only open at set times: from 11 a.m.–11.30 a.m., 3.30 p.m.–4 p.m. and 5 p.m.–5.30 p.m.

Si les réponses vous causent des ennuis allez voir les plaques dans le jardin—mais il n'est ouvert qu'à certaines heures: de 11–11.30 h, de 15.30 h–16 h et de 17–17.30 h.

The enchanting *Parc de Bagatelle* (north-west of it) is famous for its flower shows. The *Chateau de Bagatelle* belonged to Lord Seymour in the 18th century and was rebuilt by Sir Richard Wallace (who gave Paris drinking fountains still called 'les fontaines Wallace'—they are all over the city). This 'jardin anglais' was laid out by a Scottish gardener, Blakey; it is delightful: water-lilies grow on a pond and tame peacocks strut proudly through the rose garden. In spring the gardens are a mass of multi-coloured tulips.

Le ravissant *parc de Bagatelle* (qui se trouve au nord-ouest) est célèbre pour ses expositions de fleurs. Le *Chateau de Bagatelle* était la propriété de Lord Seymour au 18ème siècle. Sir Richard Wallace (qui donna les 'fontaines Wallace' à Paris et qui se trouvent partout) le remania. Ce 'jardin anglais' fut créé par un jardinier écossais, Blakey; il est charmant: des nénuphars croissent sur le lac et des paons apprivoisés se promènent majéstueusement dans la roseraie. Au printemps le jardin est une masse de tulipes multicolores.

### Right Bank
The *Municipal Green Houses* of Paris supply Paris parks with 1,500,000 plants annually and all apartments at the Elysées (the official residence of the French President) with cut flowers for all receptions. (As, for example, during the Queen's visit.)

#### Rive droite
Les *Jardins du Fleuriste Municipal de la Ville de Paris* fournissent à Paris 1,500,000 plantes par an et aux appartements de l'Elysées (la résidence officielle du Président français) des fleurs pour toutes le réceptions. (Par exemple, lors de la visite de la Reine.)

### Right Bank
The Eastern counterpart to the Bois de Boulogne is the *Bois de Vincennes*. (It is always given its full name: the 'Bois' means the Bois de Boulogne.)

**Rive droite**
Le pendant à l'est du Bois de Boulogne est le *Bois de Vincennes*. (On l'indique toujours par son nom complet: le 'Bois' tout court signifie le Bois de Boulogne.)

This is the forest where Saint Louis sat under an oak tree dispensing justice. Today the Sunday crowds descend in force to go to the zoo or to go rowing on one of its four lakes: the *Lac Daumesnil* is the nearest.

C'est la forêt où Saint Louis s'asseyait sous un chêne et dispensait sa justice. Aujourd'hui la foule du dimanche s'y rue en masse soit pour aller au zoo soit pour ramer sur un des quatre lacs: le *lac Daumesnil* est le plus proche.

There is an island in the centre of the lake with a Café, a mini-golf course and a children's playground. A footpath over a small bridge will lead you to it if you don't want to take the ferry.

Il y a une ile au centre du lac avec un Café, un golf miniature et un terrain de jeux pour enfants. Un chemin vous y amenera par un petit pont si vous ne voulez pas prendre le Bac.

**Right Bank**
There are two smaller gardens worth mentioning: the *Ranelagh gardens* in Passy, near the Bois. They were named after Lord Ranelagh. Attractions include merry-go-rounds, donkey-rides and some paths reserved for roller-skating.

**Rive droite**
Il y a deux jardins plus petits qui valent la peine d'être cités: les *Jardins du Ranelagh* à Passy, près du Bois. Ils portent le nom de Lord Ranelagh. Parmi les attractions il y a des manèges, des promenades à dos d'ânes et les possibilités de faire du patin à roulettes dans certaines allées.

**Right Bank**
The small park off the *Champs-Elysées* (near the Rond-Point) has sand pits, donkey rides, and a Punch and Judy show.

**Rive droite**
Le petit parc près des Champs-Elysées (à hauteur du Rond-Point) à un Guignol, des tas de sables et des promenades à dos d'âne et un Guignol.

French children adore Punch and Judy shows. Practically every park has one.

Les enfants français adorent le Guignol.

The largest Punch and Judy show is in the *Luxembourg gardens*. It is a small genuine theatre with a proper stage.

Le plus grand Théâtre de Marionnettes se trouve au *Jardin du Luxembourg*. C'est un véritable petit Théatre avec une vraie scène.

The *Théâtre du Vrai Guignolet* in the *Champs-Elysées* gardens is the oldest in Paris (1886).

Le *Théâtre du Vrai Guignolet* au *Jardin des Champs-Elysées* est le plus ancien de Paris (1886).

The Punch and Judy show at the *Jardin d'Acclimatation* is heated in winter by infra-red rays and gives free performances during the school holidays in summer.

Le Guignol du *Jardin d'Acclimatation* est chauffé par des rayons infra-rouges en hiver et donne des spectacles gratuits pendant les grands vacances en été.

Other Punch and Judy shows are in the *Tuileries gardens* and in the parks of *Buttes-Chaumont* and *Montsouris*.[1]

D'autres Guignols se trouvent au *Jardin des Tuileries* et aux parcs de *Buttes-Chaumont* et *Montsouris*.[1]

\* \* \*

'Fiacre'[2] rides are great fun. Usually you will find these relics of Granny's 'Good Old Days' stationed at the *Rond-Point des Champs-Elysées*.

On s'amuse bien en se promenant en '*Fiacre*', souvenir du 'Bon Vieux Temps' de grand-mère; d'habitude vous trouverez leur stationnement au *Rond-Point des Champs-Elysées*.

[1] At the far end of the *Montsouris* park: near the children's playground.
A l'autre bout du parc *Montsouris*: près du parc d'enfants.
[2] Horse-drawn carriages.

## Chapter 4: AIRPORTS AND RAILWAY STATIONS

The other day I found myself in a London queue; accidentally I overheard the conversation behind me. An English girl was speaking to her French friend. A plane flew high overhead. Pointing to it she said: 'La prochaine fois je volerai à Paris.' Her friend looked at her and laughed: 'And you will do six months in jail!' Why did she say that? (Solution at end of book.)

L'autre jour je me suis trouvée à faire la queue à Londres; j'ai écoutée la conversation derrière moi par hasard. Une jeune fille anglaise parlait à son amie française. Une avion passait au-dessus de nos têtes. En le regardant elle dit: 'La prochaine fois je volerai à Paris.' Son amie la regarda en riant: 'Et tu feras six mois de prison!' Pourquoi a-t-elle dit cela? (Réponse à la fin du livre.)

Paris has two airports: *Orly* and *Le Bourget*. Orly lies 8.4 miles south of Paris and is the more recent. Le Bourget lies 7.8 miles to the north. By express motorways neither is much more than half an hour's distance from the air terminal of *Les Invalides*.

Paris possède deux aéroports: *Orly* et *Le Bourget*. Orly se trouve à 14 km[1] au sud de Paris, et il est le plus récent. Le Bourget se trouve 13 km au nord. Ils ne sont, ni l'un ni l'autre, à beaucoup plus d'une demi-heure de distance de l'aérogare des *Invalides* par les autoroutes du *Sud* et du *Nord*.

Special features at *Orly* are two luxury hotels (one for transit passengers), a Cinema, a nursery, a chapel and a Supermarket. You can have your hair done, your clothes pressed, your heels repaired,

---

[1] All distances in France are measured from the *Parvis of Notre Dame*. It became the geographical centre of France in 1768—a bronze star marks the spot.
On mésure toutes les distances en France du *Parvis de Notre Dame*. En 1768 il devint le centre géographique de la France—une étoile en cuivre désigne l'endroit précis.

Church of Sacré Coeur

Paris seen from Notre Dame

## AIRPORTS AND RAILWAY STATIONS

write postcards, post them and lift up one of the *white* telephones which will put you in touch with the Information desk.

Ce qui sort de l'ordinaire à Orly ce sont les deux Hotels (de luxe) —l'un pour passagers en transit—le Cinema, la nursery, la chapelle et le Supermarché. Vous pouvez aller chez le coiffeur, vous servir du pressing, faire réparer vos talons écrire des cartes postales, les mettre à la poste et décrocher un des téléphones *blancs* qui vous mettront en contact direct avec le Bureau des Renseignements.

If you don't know how to go about changing money, for example, ask the *red-uniformed* hostesses: they speak *English*.

Si vous ne savez pas, par exemple, comment vous y prendre pour changer de l'argent, demandez aux hôtesses *en uniformes rouges*: elles parlent *anglais*.

It is fun to watch the planes take off and come in to land from the terrace at *Orly* or *Le Bourget*. Of all airports on the *Continent* of Europe the airports of Paris handle the largest volume of traffic (only exceeded in Europe by London airport) and of all international routes the busiest is the *Paris-London* route.

C'est amusant de regarder les avions décoller et arriver de la terrasse à *Orly* ou au *Bourget*. Le trafic de l'Aéroport de Paris[1] est en tête du trafic des aéroports de l'Europe *continentale* (précédé seul par l'aéroport de Londres en Europe) et de toutes les lignes internationales la plus importante est *Paris-Londres*.

AIR FRANCE serves the largest network in the world (300,000 km) and despite a new runway and a new 10-storey control tower built at Orly, equipped with all the latest electronic gadgets to cope with the ever-increasing air traffic, Orly and Le Bourget can only handle about 15-20 million passengers a year between them.

AIR FRANCE dessert le plus grand réseau du monde (300,000 km) et bien que l'on ait construit une nouvelle piste à Orly et une nouvelle tour de contrôle de 10 étages, qui comporte l'équipement éléctronique le plus moderne pour faire face au trafic croissant, la capacité maximale d'Orly et du Bourget est d'environ 15-20 millions de passagers par an.

---

[1] The Paris Airport Authority.

Neither Orly nor Le Bourget will be able to cope with the Jumbo jets, Boeing 747s and 1000-seater air buses of the future.

Ni Orly ni Le Bourget ne pourront recevoir les 'Jumbo jets', les 'Boeing 747' et les 'Airbuses' à 1000 places de l'avenir.

Thus Paris faces the same problem as London.

Paris doit donc affronter le même problème que Londres.

Orly and Le Bourget will be saturated by 1972-3. Therefore a *third* airport will take over in *1971*: PARIS-NORD. It will at first share the expected 15-20 million passengers a year with Orly and Le Bourget and eventually supersede the latter. It will be able to handle the supersonic aircraft.

Orly et Le Bourget seront saturés en 1972-3. Paris aura donc un *troisième* aéroport en *1971*: PARIS-NORD. Il se partagera d'abord les 15-20 million de passagers par an qu'on attend avec Orly et Le Bourget et remplacera ce dernier par la suite. Il pourra recevoir les avions supersoniques.

PARIS-NORD will be about 13 miles north of Paris. But already blueprints for two other giant airports exist: ORLY-OUEST (to cope with short-distance traffic) and PARIS III.

PARIS-NORD se situera à environ 22 km de Paris. Mais le projet de construction de deux aéroports monstres existe déjà: ORLY-OUEST (pour faire face au trafic à courte distance) et PARIS III.

Otherwise Paris could not cope with the 30 million passengers a year expected between 1985 and the year 2000.

Sinon Paris ne pourrait pas recevoir les 30 million de passagers attendus entre 1985 et l'an 2000!

\* \* \*

There are six main stations in Paris:
The *Gare du Nord* (for England, N. France, Belgium, Holland)
- *de l'Est* (for E. France, Germany, Austria, Switzerland)
- *de Lyon* (for Italy, S. France)
- *St. Lazare* (for England, W. France)
- *d'Austerlitz* (for Spain, S.W. France)
- *Montparnasse* (for W. France).

## AIRPORTS AND RAILWAY STATIONS

Il y a six gares principales à Paris:
La *Gare du Nord* (pour l'Angleterre, le Nord de la France, la Belgique, la Hollande)
- *de l'Est* (pour la France de l'Est, l'Allemagne, l'Autriche, la Suisse)
- *de Lyon* (pour l'Italie, le Midi)
- *St. Lazare* (pour l'Angleterre, le Nord-Ouest de la France)
- *d'Austerlitz* (pour l'Espagne, le Sud-Ouest de la France)
- *Montparnasse* (pour l'Ouest de la France).

The most recent and the most glamorous of these is the *Gare Montparnasse*.

La plus récente et la plus préstigieuse de celles-ci est la *Gare Montparnasse*.

French stations—as English stations—are divided into *main line* and *suburban line*. As in England you will need a *platform ticket* to be allowed on to the platform: you either buy it at a *ticket window* or from a *machine*. Hang on to it: *you will need it at the exit*.

Les gares françaises—comme les gares anglaises—sont divisées en '*Grand Ligne*' et '*Banlieue*'. Comme en Angleterre il vous faudra un ticket *de quai* pour avoir accès au quai: vous le prendrez ou à un *distributeur*: *Conservez-le, on vous le demandera à la sortie*.

You will easily find the *left luggage* office—less easily the *lost property* office (in France optimistically called 'found property office')—but if you are in any trouble ask the *Information Desk*: there is English-speaking staff. Or contact one of the girls wearing *sky-blue uniform*: they are delegates of the *Paris Welcome Office* and can be found at every railway station.

Vous trouverez facilement la *Consigne*—un peu moins facilement le *Bureau des Objets Trouvés* (désignation optimiste en France)— mais si vous avez des difficultés demandez au *Bureau de Renseignement*: on y parle anglais. Ou adressez vous à une des hôtesses en *uniformes bleu-ciel*: elles sont les délégués du *Bureau d'Accueil* et on les trouve à toutes les gares.

Every station has *Café/Brasseries*,[1] *Restaurants, newsagents, tobacconists, sweet shops*—sometimes you can buy a newspaper, matches and a bar of chocolate at the same place. Some stations have *post offices* (as at *St. Lazare*).

Chaque gare a des *Cafés/Brasseries*,[1] des *Restaurants*, des *librairies*, des *bureaux de tabacs*, des *confiseries*—parfois vous pouvez acheter un journal, des allumettes et du chocolat au même endroit. Certaines gares ont des *Bureaux de Poste*.

Every station has *public telephones* but don't forget that you need a '*jeton*' in France—a round disc—you don't insert coins in the box. You buy the jeton either at a ticket window or at the post office (F. 0.40). And since there is usually a queue in front of one telephone and a sign outside the other, saying 'Out of order', your best plan is make for the nearest Café and phone from there! (Jeton: F. 0.50.)

Chaque gare possède des *téléphones publics* mais n'oubliez pas qu'il vous faudra un '*jeton*' en France—un disque rond—on n'introduit pas des pièces dans l'appareil. Vous achèterez le jeton ou à un guichet ou au Bureau de Poste (F. 0.40). Et comme il y a souvent la queue devant l'un des téléphones et une pancarte devant l'autre qui dit 'En dérangement', le mieux c'est de vous diriger au Café le plus proche et d'y téléphoner! (Jeton: F. 0.50)

Some stations—such as the *Gare de Lyon*—have hairdressers, baths, showers and elaborate wash-and-brush-up facilities. One method of finding this out—and much else—is to read the *Chaix*, the French time-table. (Pronounced '*Shakes*', not '*Shay*'.)

Certaines gares—telles que la *Gare de Lyon*—possèdent des coiffeurs, des bains et des douches où vous pourrez vous débarbouiller. Un moyen de vous renseigner est de lire le *Chaix*, l'horaire français.

You will thus find that the *Gare de l'Est*, for example, not only has baths and showers but a 'Garage' for boats as well!

Vous découvrez ainsi que la *Gare de l'Est* ne possède pas seulement des bains et des douches mais aussi un 'garage' pour les canoes!

[1] A 'Brasserie' is a Café which serves hot meals. It originated in Alsatia and at first served Alsatian specialities only.
Une 'Brasserie' est un Café qui sert des repas chauds. Elles nous viennent d'Alsace et originellement ne servaient que des spécialités alsaciennes.

## AIRPORTS AND RAILWAY STATIONS

How did the Chaix come by its name?
Comment le Chaix a-t-il reçu son nom?

It's a family name. Napoleon Chaix was born in 1807 and founded a printing business and a bookshop. The Chaix family still run the printing business.

C'est un nom de famille. Napoléon Chaix, né en 1807, fonda une imprimerie et une librairie. La famille Chaix s'occupe toujours de l'imprimerie.

The Chaix uses the 24-hour system (in use on all continental railways). Right in the beginning of the book is an explanation of all symbols and abbreviations—*in English*. You can thus find out which trains run daily and which do not; compare Western European time with Central European and Moscow time; study the glamorous trains with names (such as the *Trans-Europ Express*): there are even trains with 'request stops'—though I shouldn't think it would be the latter!

Le Chaix se sert du système de 24 heures (employé sur tous les chemins de fer continentaux). Tout à fait au début du livre vous trouverez l'explication des signes et abréviations—*en anglais*. Vous pourrez ainsi vous renseigner sur les trains circulant tous les jours ou qui ne circulent pas; comparer l'heure de l'Europe occidentale avec l'heure de l'Europe centrale ou l'heure de Moscou; étudier les trains préstigieux qui portent des noms (tel que le *Trans-Europe Express*): il y a même des trains qui ont des 'arrêts facultatifs'—mais je ne crois pas qu'il pourra s'agir de ce dernier!

There is much other practical information in the Chaix: all about seat reservations (compulsory on some trains); reduced rate 'Sunday excursion, and 'Weekend' tickets; how to send a telegram from a train or receive one. (Works only inside France.) (In *green* pages.)

Il y a bien d'autres renseignements d'ordre pratique dans le Chaix: tout ce qui concerne la réservation des places (obligatoire dans certains trains); les billets à tarif reduit: 'Bon Dimanche' ou 'Weekend'; comment envoyer un télégramme d'un train ou le recevoir. (Voir pages *vertes*.)

The *yellow* pages give you all *international* trains and a good map showing you which Métro lines link the main stations.

Les pages *jaunes* vous donnent les trains *internationaux* et un bon plan qui vous indique la liaison entre les gares principales par le métro.

The *pink* pages are of less immediate interest.

Les pages *roses* ont moins d'intêret pour l'instant.

The Chaix is divided into six sections:
EAST
NORTH
WEST
SOUTH-WEST
SOUTH-EAST
MEDITERRANEAN REGION

Le Chaix se divise en six parties:
EST
NORD
OUEST
SUD-OUEST
SUD-EST
MEDITERRANEE.

How do you use it?

Comment vous y retrouver?

Either look up your destination in the Index or study the map in front of each section: the numbers on the 'railway line' will give you the number of the tables.

Cherchez votre lieu de destination dans la table alphabétique ou consultez la carte qui se trouve devant chaque partie: les numéros figurants le long des lignes sont ceux des tableaux à consulter.

There is an *inter-station coach service* for passengers and for luggage. (From 9 a.m.–5.30 pm.)

Il y a des *cars* qui assurent la liaison *entre les gares* et qui transportent les bagages. (De 9–17.30 h)

# AIRPORTS AND RAILWAY STATIONS

There is also a good *inter-station bus service* (in *yellow* pages, beneath métro map).

Il y a aussi des *autobus* qui assurent la liaison *entre les gares* (dans les pages *jaunes*, en-dessous du plan de métro).

You will be able to see the Chaix at any Information office (or buy it at a newsagents).

Vous pourrez consulter le Chaix à n'importe quel Bureau de Renseignement (ou l'achéter dans une Librairie).

And if there is anything else you would like to find about Paris railway stations, ring 522–92–00 (from 8 a.m.–10 p.m.) or:

208–49–90 (*Gare de l'Est*)
526–77–28 (*Gare du Nord*)
222–13–81 (*Gare St. Lazare*)
548–43–61 (*Gare Montparnasse*)
707–91–70 (*Gare d'Austerlitz*)
343–85–10 ⎱(*Gare de Lyon*)
343–74–10 ⎰

Et s'il vous faut des renseignements complémentaires en ce qui concerne les gares parisiennes, appelez 522–92–00 (de 8 à 22 h) ou un des numéros de la liste ci-dessus.

Stations serving the suburbs are:
*Gare de la Bastille*
*Gare du Luxembourg (Ligne de Sceaux).*

Les gares pour la banlieue parisienne sont la
*Gare de la Bastille* et la
*Gare du Luxembourg (Ligne de Sceaux).*

The *Gare d'Orsay* is not in use.

La *Gare d'Orsay* est désaffectée.

## Chapter 5: THE SEINE AND ITS QUAYS

The life of Paris has always been linked with the Seine. Only 150 years ago, for example, all food reached Paris by way of the Seine. Today Paris is the most important river port in France and the third most important commercial port. (Commercial shipping for one year totalled 19 million tons, made up of 55,000 ships of different nationalities.)

La vie de Paris a toujours été liée avec la Seine. Il y a 150 ans seulement toute la nourriture était transportée à Paris par la Seine. Aujourd'hui Paris est le premier port fluvial en France et le troisième port de commerce. (Le tonnage total par an est de 19 millions, représenté par 55,000 bateaux de nationalités différentes.)

Paris has 17 ports. The commercial port is the port of Bercy, upstream. If you go for a cruise on the river, however, you will not see much evidence of commercial shipping for the present tendency is to keep all commercial shipping away from the centre, so as to preserve the beauty of Paris. (Heaps of sand or mountains of coal would not look very decorative at the foot of the Eiffel tower!)

Paris possède 17 ports. Le port commercial est le port de Bercy, en amont. Mais en vous promenant sur la Seine vous verrez bien peu d'activité commerciale car la tendance actuelle est de tenir le trafic commercial à l'écart du centre de Paris afin de préserver la beauté de la ville. (Des tas de sable ou des montagnes de charbon ne seraient pas très décoratifs au pied de la tour Eiffel.)

What kind of boats will you see then?

Quel genre de bateaux verra-t-on donc?

Mostly pleasure steamers, plying up and down the Seine, with an occasional barge chugging by, washing flapping in the wind. They are French, German, Dutch or Belgian and reach the Seine by means of a canal network. Mostly they transport sand or coal. The

## THE SEINE AND ITS QUAYS

yachts and houseboats are moored near the Pont de la Concorde. (At the Port des Champs-Elysees, the port of the Touring Club.)

Pour la plupart des bateaux de plaisance, se promenant le long de la Seine, vers l'amont et vers l'aval, une péniche les croisant de temps en temps, le linge au vent. Ce sont des péniches françaises, allemandes, belges ou hollandaises qui arrivent à la Seine par un réseau de canaux. Elles transportent pour la plupart du sable et du charbon. Les yachts et les bateaux de plaisance dont ancrés près du Pont de la Concorde. (Port des Champs-Elysées, le port du Touring Club.)

There are a number of steamers which make the Seine trip.

Il y a plusieurs bateaux qui font le voyage sur la Seine.

The *Bateaux Mouches* (Port de la Conférence, *Métro: Alma-Marceau, buses*: 42, 63, 28, 39, 83, 72, 80, 92) do the trip daily from 10 a.m. to midnight. (Upstream as far as the port de Bercy, downstream as far as Suresnes.) *Two special departures are for school parties (excepting Saturdays, Sundays and holidays).* They leave at 11 a.m., at 2 p.m. and at 5 p.m. The trip takes $1\frac{1}{4}$ hours and the audio-visual commentary includes slide projections and an English commentary. There is a Buffet on board.

Les *Bateaux Mouches* (Port de la Conference, *Métro: Alma-Marceau, autobus*: 42, 63, 28, 39, 83, 72, 80, 92), départs quotidiens, de 11 h à minuit, vont en amont jusqu'au port de Bercy, en aval jusqu'à Suresnes. *Deux départs sont organisés pour les écoliers (sauf le samedi, dimanche et Fêtes).* Les départes sont à 11 h, à 14 h et à 17 h. Le voyage dure $1\frac{1}{4}$ h. Le commentaire audio-visuel comprend des projections sur écran et un commentaire en anglais. Il y a un Buffet à bord.

The hostesses (who cover each year more than four times the circumference of the earth in trips up and down the Seine) explain to you with never failing patience the monuments you see in close-up: the *Palais Bourbon* (the French Parliament), the *Hôtel de la Monnaie* (the Mint), *Notre Dame*, the *Ile de la Cité* and the *Ile St. Louis*, the *flower market*, the *Conciergerie*, the *Louvre*, the *Place de la Concorde* and so on.

Les hôtesses qui effectuent chaque année plus de quatre fois le tour de la terre en se promenant sur la Seine) vous expliquent patiemment les monuments que vous voyez en gros plan : le *Palais Bourbon l'Assembleé Nationale, l'Hôtel de la Monnaie, Notre Dame, l'Ile de la Cité, l'Ile St. Louis, le marché aux fleurs, la Conciergerie le Louvre, la Place de la Concorde* et ainsi de suite.

How did the *Bateaux-Mouches* come by their name?
Comment les *Bateaux-Mouches* ont-ils reçu leur nom?

According to one theory the name derives from a naval shipyard in Lyon in the 19th century—the 'Chantier de la Mouche'; according to another it means 'fly-weight boat' for at the turn of the century small pleasure craft in French seaports went by that name.

D'après une théorie leur nom dériverait d'un chantier naval lyonnais qui s'appelait le 'Chantier de la Mouche' au 19ème siècle; d'après une autre le nom dériverait des 'bateaux poids-léger'—des petits bateaux de plaisance dans les ports de mer français à la fin du siècle.

However that may be, one thing is certain: *there never was* a *'Jean-Sébastien Mouche'* founder of the society (although the flagship bears his name)! He is the brain child of M. Jean Bruel, the owner of the Bateaux-Mouche. This is how it happened: on April Fools Day, a few years ago, M. Jean Bruel got a sculptor friend to lend him the statue of a judge he was working on. This was the statue of a M. Badioux de la Tronchère. (And what a sonorous name for a judge!) Thus the statue unveiled as that of 'Jean-Sébastien Mouche' was that of M. Badioux de la Tronchère. The joke succeeded so well that not many people are any the wiser. M. Bruel, who has a strong sense of humour, is still laughing.

Quoiqu'il en soit une chose est certaine: un certain *'Jean-Sébastien Mouche'* (bien qu'un bateau porte son nom) n'a jamais existé! Il a été inventé de toute pièce par M. Jean Bruel, le propriétaire des Bateaux-Mouches. Il persuada un ami sculpteur de lui prêter la statue d'un juge qu'il était en train d'exécuter. C'était la statue d'un certain M. Badioux de la Tronchère (Et quel nom sonore pour un juge!) Ainsi la statue inauguré comme celle de 'Jean-Sébastien Mouche' fut celle de M. Badioux de la Tronchère. La plaisanterie eu tant de succès que peu de gens en sont plus avancés! M. Bruel, qui a beaucoup d'ésprit, en rit encore.

## THE SEINE AND ITS QUAYS

The *'Vedettes Tour-Eiffel'* leave from the foot of the Eiffel tower.—Port de la Bourdonnais—at half-hourly intervals. Children under ten pay half price. Commentaries are in English which can easily be followed on the excellent maps under glass at every table.

Les *'Vedettes Tour-Eiffel'* partent du Port de la Bourdonnais—au pied de la Tour Eiffel—à des intervalles d'une demie heure. Les enfants en dessous de dix ans paient demi-tarif. Les commentaires sont en anglais et sont faciles à suivre sur les plans sous verre à chaque table.

Paris has 33 bridges. The boat passes under 15 of them.

Paris possède 33 ponts. Le bateau passe en-dessous de quinze.

Beneath the *Pont de l'Alma* is the statue of a *Zouave* (an Algerian soldier in Napoleon's army). He is the Parisians' danger signal. When the Seine reaches his neck the river is in spate and the Parisians begin to worry. (This happened during the winter 1966-7.)

En-dessous du *Pont de l'Alma* se trouve la statue d'un *Zouave* (un soldat algérien dans l'armée de Napoléon). C'est le signal d'alarme des Parisiens. Quand la Seine lui arrive jusqu'au cou la Seine est en crue et les Parisiens commencent à s'inquieter. (Cela est arrivé pendant l'hiver 1966-7.)

The *Pont Neuf* is—despite its name—the oldest bridge in Paris; the *Pont du Carousel* the 'youngest'. (The *Pont de Grenelle* on which there was a smaller replica of the Statue of Liberty has been demolished and is being rebuilt.) The *Pont Royal* is the strongest and the *Petit Pont*—true to its name—the smallest bridge.

Le *Pont Neuf*—malgré son nom—est le plus ancien à Paris; le *Pont du Caroussel* le plus 'jeune'. (On a démoli le *Pont de Grenelle* sur lequel se trouvait une copie de la Statue de la Liberté et on le reconstruit. Le *Pont Royal* est le pont le plus solide et le *Petit Pont* —faisant honneur à son nom—le plus petit.

Other boats that make the Seine trip are the *G. Borde-Frétigny* boats (leaving from the Port du Gros-Caillou, near the Quai d'Orsay). The Queen has made a trip on one of these.

Les autres bateaux qui remontent et descendent la Seine sont les bateaux *G. Borde-Frétigny* (ils partent du Port du Gros-Caillou, près du Quai d'Orsay). La Reine a voyagée sur l'un d'eux.

And finally there are the *Vedettes Pont-Neuf*. They all make special trips to see the floodlit monuments.

Et finalement il y a les *Vedettes Pont-Neuf*. Ils font tous des croisières spéciales pour voir les illuminations de Paris.

\* \* \*

The realm of the booksellers stretches from the *Quai d'Orsay* to the *Pont de la Tournelle*. Their 'boxes' are a delight. You will find old prints, maps, cut-outs of uniforms, flags, etc. everywhere, and more specifically music on the Quai des Augustins, postcards near the Hôtel de Ville, coins below the Pont-Neuf.

La domaine des *Bouquinistes* s'étend du *Quai d'Orsay* au *Pont de la Tournelle*. Leurs 'boîtes' sont magnifiques. Vous trouverez de vieilles gravures, des cartes, des planches d'uniformes et de drapeaux, et plus spécifiquement des partitions au Quai des Augustins, des cartes postales près de l'Hôtel de Ville et des pièces de monnaie au-dessous du Pont-Neuf.

The booksellers have been here for 300 years at least, on both banks of the Seine. They have no set hours and are open when the mood takes them (and the weather is fine); it is therefore wise to buy immediately what takes your fancy—you may never find it again. (That has happened to me.)

Les Bouquinistes s'y sont établis il y a au moins 300 ans, sur les deux rives de la Seine. Ils n'ont pas d'heures fixes et sont ouverts quand le coeur leur en dit (et quand il fait beau); il est donc prudent d'acheter immédiatement ce qui vous plaît—vous ne le retrouverez peut-être jamais plus. (Ce qui m'est arrivé.)

The quays are still tranquil: a place for tramps, who sleep rough, to come for a wash-and-a-brush-up; for lovers to walk hand in hand; for artists to paint; for fishermen to wait patiently for a catch; and for people just to sit . . .

Les quais sont encore tranquils: un endroit où les clochards, qui dorment à la belle Etoile, peuvent venir pour faire leur toilette; où les amants peuvent se proméner, la main dans la main; où les peintres peuvent travailler; où les pêcheurs attendent patiemment d'attraper un poisson et où les gens viennent simplement s'asseoir . . .

## Chapter 6: FREE PARIS

You will frequently hear people say that Paris 'costs the earth'. They look at you in amazement when you reply: 'But so much in Paris is *free*!' 'Such as?' they say sarcastically 'fresh air, sunlight, happiness . . .' you're not going to quote a cliché are you?: "The best things in life are free."' (By the way, cliché in French means the negative of a photo.)

Vous entendrez souvent dire que Paris 'coûte les yeux de la tête'. On vous regarde avec étonnement lorsque vous répondez: 'Mais il y a tant à Paris qui est gratuit!' 'Par exemple?' on vous repond avec du sarcasme 'l'air pur, le soleil, le bonheur . . . vous n'allez pas nous citer cette vérite de Lapalisse.[1] 'Les meilleures choses dans la vie ne coûtent rien!'[1]

I am *not*. But do *you* know that it costs *nothing at all* to
watch money being made at the *Mint* (*Tuesday and Thursday afternoons*)
watch tapestry being woven at the *Manufacture Nationale des Gobelins* (*Wednesday, Thursday and Friday afternoons*)
visit the *Paris Observatory*[2] (*every third Saturday* of the month but write beforehand)
see models of trains and planes (*Sundays, Conservatoire National des Arts & Métiers*)

---

[1] Jacques de Chabannes, Seigneur de La Palice, a 15th-century nobleman, was a marshal; his soldiers composed a song about him which pointed out the obvious.

Jacques de Chabannes, Seigneur de La Palice, fut un aristocrat du 15ème siècle et un maréchal; ses soldats composère une chanson en son honneur qui fit remarquer ce qui était évident.

[2] The *Merdian* crosses the Observatory: it is a thin metal strip let into the floor of the terrace. Stand on it and *you are in the exact middle of Paris*.

Le Méridien traverse l'Observatoire: c'est un mince fil de métal traversant le sol de la terrasse. Si vous vous y placer *vous serez exactement au milieu de Paris*. The *Meridian* also crosses the church of *St. Sulpice*.

Le *Méridien* traverse aussi l'église de *St. Sulpice*.

see world-famous paintings (*Sundays: Louvre, Musée d'Art Moderne, Musée du Jeu de Paume*)
find out more about the history of Paris (*Sundays: Musée Carnavaelet*)
visit *Notre Dame*
  the *flower market* (*Daily except Sundays, Place Louis Lépine*)
  the *bird market* (*Sundays, same place*)
  the *stamp market* (*Thursdays, Saturdays, Sundays: Rond-Point des Champs-Elysées*)
*Roman* ruins (*Arènes de Lutèce*).

Je ne le ferai pas. Mais est-ce-que *vous* savez qu'il *ne coute rien du tout* de
voir frapper la monnaie (le *mardi* et *jeudi après-midi* à l'Hôtel de la Monnaie)
voir la manufacture des Gobelins (le *mardi, jeudi* et *vendredi* à la *Manufacture Nationale des Gobelins*)
visiter l'*Observatoire de Paris*[1] (le *troisième samedi* du mois; s'annoncer par écrit auparavant)
voir des modèles de trains et d'avions (le *dimanche* au *Conservatoire National des Arts & Métiers*)
voir des tableaux célèbres dans le monde entier. (Le *dimanche*: au *Louvre, Musée d'Art Moderne, Musée du Jeu de Paume*)
de découvrir davantage sur l'histoire de Paris. (Le *dimanche* au *Musée Carnavalet*)
de visiter *Notre Dame*
  le *marché aux fleurs* (*Tous le jours, sauf le dimanche, Place Louis Lépine*)
  le *marché aux oiseaux* (Le *dimanche*, au même endroit)
  le *marche aux timbres* (le *jeudi, samedi* et *dimanche* au *Rond-Point des Champs-Elysées*).
Les vestiges *romaines*. (*Les Arènes de Lutèce*).

The whole of Paris is a free show anyway: life on the Boulevards, the booksellers on the quays of the Seine; the fishermen ... the loving couples ... the unexpected Pétanque players; parks, gardens, and Cafés ...

Tout Paris est d'ailleurs un spéctacle gratuit: la vie des Boulevards; les Bouquinistes sur les quais de la Seine; les pêcheurs ... les amoureux ... les joueurs de Pétanque inattendus; les parcs, les jardins et les Cafés ...

# FREE PARIS

And some of the best views of Paris are *free*.

Et certaines des plus beaux panoramas sur Paris sont *gratuits*.

The roof-top terrace of the *Samaritaine*, for example.

La terrasse de la *Samaritaine*, par exemple.

The *Samaritaine* is a large Paris store near the *Pont-Neuf*. It takes its name from an old pump which once stood here. It is really two stores today built up by one man—M. Cognac-Jay[1]—who rose from street salesman at the turn of the century to multi-millionaire. You can, however, still see in the streets of Paris the kind of large upturned umbrella from which he sold haberdashery on the Pont-Neuf.

La *Samaritaine* est un grand magasin parisien près du *Pont-Neuf*. Son nom vient d'une vieille pompe qui s'y trouvait jadis. Ce sont vraiment deux magasins fondés par un seul homme—M. Cognac-Jay[1]—qui de vendeur à la sauvette à la fin du siècle devint milliardaire. Mais vous pouvez encore voir dans les rues de Paris le genre de parapluie énorme renversé d'où il vendait la mercerie sur le Pont-Neuf.

Another good *free* terrace is at the *Printemps* store. (Summer only: in winter it turns its terrace into a ski-run.) Its automats dispense fruit-juices, Coca-Cola, hot chocolate, cakes and sweets. It also has the first electronically operated automat in Europe which can change a banknote into coins and give you small change.

Une autre excellente terrasse *gratuite* est au magasin du *Printemps*. (En été seulement: il transforme sa terrasse en piste de ski en hiver.) La terrasse est bien pourvu de distributeurs automatiques qui débitent jus de fruits, Coca-Cola, chocolats chauds, gâteaux et confiseries. Elle possède aussi le premier automate éléctronique en Europe qui peut changer des billets en pièces et qui vous rende la monnaie.

From the terrace of the neighbouring *Galéries-Lafayette* the view is essentially the same.

Le panorama de la terrasse des *Galéries-Lafayette* qui se trouvent à côté est essentiellement le même.

---

[1] M. Cognac-Jay also founded the *Musée Cognac-Jay*. (18th-century furniture.)
M. Cognac-Jay fonda aussi le *Musée Cognac-Jay*. (Meubles du 18ème siècle.)

Another good vantage point is the terrace of the *Sacré Coeur*. (Métro: *Anvers* and funicular or walk up the steps. Bus: 30, 54.) On either side of the balustrade there is an excellent map cut in stone which explains what you see.

Un autre beau panorama est celui que l'on a de la terrasse du *Sacré-Coeur*. (*Métro*: *Anvers* et le funiculaire ou prenez les marches. *Autobus*: 30, 54.) De chaque côté de la balustrade se trouve une excellente carte en pierre qui explique ce qu'on voit.

Free shows on *Bastille Day* (July 14), the National holiday: troop parades in the morning (Champs-Elysées), dancing in the streets (even the day before the holiday), fireworks.

Spectacle gratuit le 14 juillet, fête nationale: Défilés de troupe le matin (Champs-Elysées), bals dans la rue (même la veille de la fête), feux d'artifices.

Best point to watch the fireworks: *Pont Neuf*.

Le meilleur endroit pour voir les feux d'artifices: le *Pont Neuf*.

Other fireworks: *Montmartre*, parks of *Buttes-Chaumont* and *Montsouris*.

Autres feux d'artifices: à *Montmartre*, aux parcs des *Buttes-Chaumont* et de *Montsouris*.

Fireworks are let off on May 8 (Anniversary of V-Day) on the Seine and in the gardens of the *Palais de Chaillot*. Best point to watch: *Pont de l'Alma*.

Il y a des feux d'artifices le 8 mai (l'Anniversaire du jour de la victoire) sur la Seine et dans les jardins du *Palais de Chaillot*. Meilleur point de vue: *Pont de l'Alma*.

Paris illuminations which turn the 'city of light' into a fairyland are *free*:

Les illuminations qui donne à la 'ville lumière' un aspect féérique sont *gratuits*:

The *Place de la Concorde* and the *Arc de Triomphe* are floodlit every night until 11 p.m. (At weekends and holidays until midnight.)

Children riding on ponies in the Luxemburg Gardens

Dancing 'la Ronde', Quai Montebello

Colonne de Juillet, Place de la Bastille

La *Place de la Concorde*, et *l'Arc de Triomphe* sont illuminés tous les soirs jusqu'à 23 h. (Les samedis et dimanches jusqu'à minuit.)

At weekends and on 'fête' days: The *Arc de Triomphe, Colonne* and *Place Vendôme, Colonne de Juillet, Conciergerie, Ecole Militaire, Eiffel Tower, Hôtel des Monnaies, Hôtel de Ville, Institut de France, Hôtel des Invalides, Madeleine, Notre Dame, Opéra, Palais du Louvre, (Arc du Carrousel), Panthéon, Sacré Coeur, Sainte Chapelle*, the fountains on the *Place du Théâtre Français (Pl. Colette)* on the *Place de la Concorde* and on the *Place St. Michel*; and the 'Hôtels' of the *Marais* quarter.

During the tourist season—May to September—all Paris monuments are floodlit daily and at weekends until midnight.

Pendant la saison touristique tous les monuments de Paris sont illuminés tous les jours et pendants les weekends jusqu'à minuit.

How would you like to have one of them floodlit for yourself? I'm not joking! If you want to know how to do this *read on*.

Est-ce-que vous aimeriez faire illuminer un de ces monuments pour vous même? Je ne plaisante pas! Si vous voulez savoir comment vous y prendre *tournez la page*.

## Chapter 7: PARIS FOR HIRE

Which of the Paris monuments would *you* like floodlit outside regular hours? The Opera? The Arc de Triomphe? The Madeleine?

Lequel des monuments parisiens aimeriez-*vous* faire illuminer en dehors de l'oraire régulier? L'Opéra? L'Arc de Triomphe? La Madeleine?

This was the problem facing me. And no king of France ordering his minions to light up the streets of Paris by torchlight can have felt more powerful than I as I sat pouring over the list of monuments available for floodlighting. My choice was finally dictated by the state of my purse and I chose the floodlighting of the Madeleine as a birthday present for a friend.

C'était mon problème. Et aucun roi de France, ordonnant à ses serviteurs de faire illuminer les rues de Paris de flambeaux n'aurait pu se sentir plus puissant que moi penchée sur la liste des monuments à faire illuminer. Mon choix fut finalement dicté par mes ressources et je choisis l'illumination de la Madeleine comme cadeau d'anniversaire pour un ami.

The cost of having a Paris monument lit up is quite reasonable; it depends on the strength of lamps used and the amount of floodlighting required.

Le prix de l'illumination d'un monument est modéré; cela dépend de la puissance des lampes et de l'importance des illuminations.

There are 96 monuments and fountains equipped with 5,160 powerful projectors—(from 300 W to 3 KW)—with a total power of 3213 KW.

Il y a 96 monuments et fontaines équipés de projecteurs puissants —(de 300 W à 3 KW)—avec une puissance totale de 3213 KW.

170 projectors (3 KW each) are used for the Eiffel Tower, 456 projectors for the 6 fountains at the Rond-Point des Champs Elysées; fountains cause serious technical problems for projectors have to be immersed.

On utilise 170 projecteurs pour les 6 fontaines au Rond-Point des Champs-Elysées; les fontaines présentent de sérieux problèmes techniques en raison de l'immersion des projecteurs.

The Pont-Neuf presented another difficult problem. Ten 3 KW projectors flooding the opposite bank with golden light bring out the beauty of the architecture, but seven of these projectors had to be walled in several feet above the quayside, so as to be out of danger should the river be in spate.

Le Pont-Neuf présentait un autre problème difficile. Dix projecteurs de 3 KW inondant la berge d'en face d'une lumière dorée mettent en valeur la beauté de l'architecture, mais on a été obligé d'installer sept d'entre eux dans les murs à plusieurs mètres au-dessus des berges, pour qu'ils soient hors de l'eau en cas de crue.

The three others are behind the railings surrounding the *Square du Vert Galant*. The equestrian statue of Henry IV on the bridge is illuminated by five projectors of 300 W each.

Les trois autres sont derrière la grille entourant le *square du Vert-Galant*. La statue équestre d'Henri IV.

The beautiful quartier of the Marais presented the greatest technical problem of all: how to instal the lighting without inconveniencing the inhabitants of this busy district? You will see how successfully it has been overcome during an evening's stroll.

Le beau quartier du Marais présentait le plus grand problème technique: comment installer les illuminations sans incommoder les habitants de ce quartier travailleur? Vous verrez comment on en est venu à bout au cours d'une promenade d'une soirée.

Here is the 1968 tarif for *one hour's* floodlighting of:
Voici le tarif en 1968 pour l'illumination d'une heure de:
La *Madeleine* (façade rue Royale) F. 17.60
rue Tronchet) F. 15.40
*Notre Dame* (incl. statue of Charlemagne) F. 44.00

|   |   |
|---|---|
| *Opéra* | F. 48.40 |
| *Arc de Triomphe* | F. 132.00 |
| Les *Invalides* (façade) | F. 18.70 |
| (Dome) | F. 26.40 |
| The *Louvre* | F. 71.50 |
| *Pantheon* | F. 27.50 |
| *Place de la Concorde* | F. 60.50 |
| *Sacré Coeur* | F. 41.80 |
| *Sainte-Chapelle* | F. 14.30 |
| *Comédie-Francaise* | F. 12.65 |
| And—best of all—the *Eiffel Tower* | F. 275.00 |
| Et—pièce de résistance—la *Tour Eiffel* | F. 275.00 |

You can have some of the best-known fountains in Paris floodlit or playing for your own enjoyment.

Vous pouvez vous offrir l'effet hydraulique et lumineux des fontaines les plus connues à Paris pour votre plaisir.

For example:

Par exemple:

|   |   |
|---|---|
| *Place de la Concorde* |   |
| (floodlit and playing) | F. 55.00 |
| (without floodlighting) | F. 17.60 |
| (illuminé et effet hydraulique) |   |
| (sans illumination) | voir tarif ci-dessus |
| *Rond-Point des Champs Elysées* |   |
| (floodlit and playing) | F. 115.50 |
| (without floodlighting) | F. 18.70 |
| (illuminé et effet hydraulique) |   |
| (sans illumination) | voir tarif ci-dessus |
| *Place Colette* (ex-du Théatre Francais) |   |
| (floodlit and playing) | F. 46.20 |
| (without floodlighting) | F. 15.40 |
| (illuminé et effet hydraulique) |   |
| (sans illumination) | voir tarif ci-dessus |

The beautiful and historic buildings of the Marais district have been floodlit since 1960.

Les Hôtels splendides et historiques du Marais ont été illuminés depuis 1960.

Here are some prices:
En voici quelques prix:

| | |
|---|---|
| *Musée Carnavalet* (interior courtyard) | F. 19.85 |
| (cour intérieure) | |
| *Hôtel de Soubise* (Archives Nationales) | F. 21.90 |
| *Hôtel de Beauvais* (where Mozart lived) | |
| (où Mozart a vécu) | F. 11.55 |
| *Hôtel Lamoignon* (where Alphonse Daudet lived) | |
| (où a vécu Alphonse Daudet) | F. 7.70 |
| *Hôtel des Ambassadeurs d'Hollande* | |
| (one of the most beautiful) (exterior) | |
| (un des plus beaux) (l'extérieur) | F. 4.62 |
| *Cloître de Billettes* (exterior) | |
| (l'exterieur) | F. 1.1 |

If this delights you write to the following address:

Si cela vous enchante écrivez à l'adresse suivante:

Direction technique de la Voierie parisienne,
Service de l'Eclairage,
9, Place de l'Hôtel de Ville,
Paris 4e.

But that's not all! You can hire Paris *policemen* as well!

Mais ce n'est pas tout! Vous pouvez aussi louer des *agents de police* parisiens!

It will cost you about £1 an hour to hire a policeman—but usually they come in pairs or more and are hired for grand receptions to keep an eye on priceless jewels—or on the guests.

Cela vous coûtera environs 14 F. de l'heure pour louer un agent—mais d'habitude on les loue par deux ou par plusieurs à l'occasion de récéptions grandioses pour qu'ils surveillent les bijoux hors prix —ou les invités.

Write to:

Ecrivez à:

M. le Préfet de Police,
Préfecture de Police,
Place Louis Lépine,
*Paris 4e.*

You can also hire the *Gardes Republicaines*—those resplendent figures who stand on sentry duty outside the Elysées Palace, the official residence of the President of the Republic—at about the same price.

Vous pouvez aussi louer les *Gardes Républicaines*—ces personnages résplendissants qui montent la garde devant le Palais de l'Elysée—la résidence officielle du Président de la République—le prix revient au même.

Write to:

Ecrivez à:

M. le Commandant,
Gardes-Républicaines,
Caserne Babylone,
49, rue de Babylone,
Paris 7e.

And now work out how much it would cost if you were to have the Eiffel Tower floodlit from 9 p.m. to midnight and have 200 policemen and 200 Gardes Républicaines stationed around it. What a lovely birthday present for someone!

Et maintenant calculez le prix de faire illuminer la Tour Eiffel de 21h à minuit et de la faire entourer par 200 agents et 200 Gardes Républicaines. Quel joli cadeau d'anniversaire pour quelqu'un!

You *cannot* hire the Paris fire brigade[1]—but you may visit their barracks if you write to them first.

Vous *ne pouvez pas* louer les pompiers de Paris—mais vous pouvez cependant visiter leurs casernes en leurs écrivant auparavant.

Write to:

Ecrivez à:

M. le Commandant,
Sapeurs-Pompiers de Paris,
1, Place Jules-Renard,
Paris 17e.

[1] Both the *Gardes-Republicaines* and the *fire brigade* were founded by Napoleon.
Les *Gardes-Républicaines* et les *sapeurs-pompiers* furent fondés par Napoléon I.

You can also visit certain barracks and stables of the Gardes-Républicaines.

Vous pouvez aussi visiter certaines casernes et écuries des *Gardes-Républicaines*.[1]

PART TWO

# Indoors

## Chapter 8: MUSEUMS AND WAXWORKS

'It's pouring with rain! What a bore!'
'Il pleut à torrents! Comme c'est ennuyeux!'

It's not really a bore, you know, in Paris. Not if you know where to go. The city has over 90 Museums—and some of them are great fun.

Mais vous ne risquez pas de vous ennuyer à Paris, vous savez. Surtout si vous savez où aller. La ville possède plus de 90 Musées —et certains d'entre eux sont formidables!

Take the *Palais de la Découverte*, for instance. (*Grand Palais*.)

Prenez le *Palais de la Découverte*, par exemple. (Au Grand Palais.)

This fascinating Science Museum was founded by the French physicist *Jean Perrin*, Nobel prize winner in 1937;[1] today it is part of the University of Paris. Every possible means has been employed to make this Museum as attractive as possible using colour, sound, light, photographs, animated models, texts and charts. 450,000 people visit it annually.

Ce Musée passionant consacré à la Science fut fondé par *Jean Perrin*, prix Nobel 1937; aujourd'hui il est affilié à l'Université de Paris. On a utilisé tous les moyens possible de rendre ce Musée aussi attrayant que possible avec l'aide de couleur, son, lumière, photographies, maquettes animées, textes et graphiques: il reçoit 450,000 visiteurs par an.

Every day 800 experiments take place (with commentary) and there are plenty of tests you can carry out yourselves (Intelligence tests and tests of manual dexterity and optical illusions) and machines you can work.

[1] His ashes are in the Pantheon.
Ses cendres sont au Panthéon.

Chaque jour on y réalise plus de 800 expériences (commentées) et il y a de nombreux tests que vous pouvez faire vous-mêmes (des tests d'Intelligence et de déxterité manuelle et des illusions optiques), ainsi que des machines que vous pouvez mettre en marche).

The experiments take place at set times and often simultaneously, so you must choose. If you don't feel like following the French commentary, remember there are *guides* and *Interpreters* available. (Ground floor.)

Les expériences se déroulent à des heures fixes et souvent simultanément, il vous faut donc choisir. Si vous n'avez pas envie de suivre le commentaire en français, souvenez-vous qu'il y a des *guides* et *Interprètes*. (Au rez-de-chaussée.)

Experiments will show you how
  pigeons who have learnt to distinguish between light signals pick out the right one,
  the human brain works,
  an electro-cardiogram works (or how the human heartbeat is measured).

Les expériences vous feront voir comment
  les pigeons qui ont appris à faire la distinction entre les signaux luminaux choisissent celui qu'il faut,
  fonctionne le cerveau humaine,
  se fait un électro-cardiogramme (ou comment on mésure le battement du coeur humaine).

\* \* \*

What are your interests? Biology? Physics? Chemistry? Astronomy? Astronautics? Radio-activity?[1] Electronics? Computers? The Museum explains the lot!

Quelles sujets vous passionnent? La biologie? La physique? L'astronomie? L'astronautique? La radio-activité?[1] L'éléctronique? Ou les machines à calculer? Le Musée vous explique tout!

---

[1] Discovered by Pierre and Marie Curie.
Découverte par Pierre et Marie Curie.

## MUSEUMS AND WAXWORKS

And for those interested in colour television, there is a demonstration at set times. (In French, of course.)

Et pour ceux qui se passionnent pour la télévision en couleur il y a une demonstration à des heures fixes. (En français, bien sûr!)

\* \* \*

The *Planetarium* is next door to the *Palais de la Découverte*. (In the *Grand Palais*.)

Le *Planetarium* se trouve à côté du *Palais de la Découverte*. (Au *Grand Palais*.)

\* \* \*

### Museé de l'Homme (Palais de Chaillot)

This exciting Museum shows you graphically the history of mankind, starting from Neanderthal man—and ending with that wonder of creation: ourselves.

Ce Musée passionnant vous montre schématiquement l'histoire de la race humaine depuis l'homme de Neanderthal—en finissant par cette merveille de la création: nous-mêmes.

Among the Museum's most prized possessions is an Indian chief's ceremonial chair from Haiti dating from the time of Christopher Columbus. Only about ten of its kind exist in the whole world.

Parmi les trésors du Musée il y a un siège de chef indien d'Haiti datant de l'époque de Christophe Colomb. Il ne'en existe que dix emplaires dans le monde entier.

The Museum is full of the most fascinating objects. To mention only a few:

Le Musée est rempli d'objets captivants. Pour en citer que quelques-uns:

Bedouin saddles and a caparisoned horse and rider from Nigeria. They look straight out of the Middle Ages and their origin goes back in fact to Roman times.

Des selles de Bedouins et un cheval caparaconné et son cavalier. (Du *Niger*.) Ils semblent sortir directement du Moyen-Age et leur origine remonte en fait a l'époque romaine.

Exquisite ornaments from Nepal made of periwinkle blue feathers.

Des ornements exquis du Nepal, faits des plumes bleu pervenche.

The latest fashions in Tibet and Outer Mongolia.

La dernière mode au Tibet et en Mongolie.

A stick to hold your moustache up, as demonstrated by a gentleman from Siberia.

Un 'relève-moustache', dont l'utilisation est montré par un monsieur de la Sibérie.

Mummies from Peru, dehydrated naturally. (Gruesome—but fascinating.)

Les momies du Perou, deshydratées naturellement. (Macabres —mais captivantes.)

A wooden sculpture of the goddess Pélé who lives in the volcano of Kilouauea (Hawaii).

Une statuette en bois sculpté de la déesse Pélé qui réside dans le volcan Kiloauea (Hawaii).

Aztec stone sculptures.

Sculptures Aztèques sur pierre.

Toys, dolls, puppets (Pulcinello—the Italian cousin of Punch) from all over the world.

Des jouets, des poupées et des marionettes du monde entier.

Showcases devoted to Red Indians. (Do *you* know what a '*Wampum*' is?)

Des vitrines entières consacrées aux Peaux Rouges. (Est-ce-que *vous* savez ce que c'est les '*Wampum*'?)

(Answer at end of book.)

(Réponse a la fin du livre.)

The Museum's record collection includes over 6,000 records of primitive music from all over the world. These records can be heard on request.

La discothèque du Musée renferme plus de 6,000 enregistrements de musique primitive du monde entier. Des auditions de disques ont lieu sur demande.

The Café/Restaurant on the ground floor which takes its name from the Totem pole outside deserves its name: its prices are quite as high!

Le Café/Restaurant au rez-de-chaussée qui tient son nom du Mât totem devant l'entrée le porte a juste titre: ses prix sont aussi élévés!

\* \* \*

**Musée de la Marine (Palais de Chaillot)**
Turn right at the entrance to the Musée de l'Homme and you will find yourself in another world: the world of ships and of the sea.

Tournez à droitee à l'entré du Musée de l'Homme et vous vous trouverez dans un autre monde: le monde des bateaux et de la mer.

Among the things you should not miss are:
the *Santa Maria* (a model of Columbus' ship) and the *Imperial Boat* (built specially in 1811 for Napoleon's visit to Antwerp).

Parmi les choses que vous ne dévriez pas manquer il y a
la *Santa Maria* (le modèle du bateau de Columbus) et le *Canot de l'Empereur* (construit spécialement en 1811 pour la visite de Napcléon I à Anvers).

Did you notice the Obelisk in the middle of the Place de la Concorde?

Avez-vous remarqué l'obelisque au milieu de la Place de la Concorde?

Here you can follow its progress from Luxor to Rouen and then up the Seine to Paris (1831). (Two show cases.) It was a gift by Mehmet Ali to Charles X in 1829 but when it was finally set up in the Place de la Concorde (1836) another monarch reigned over France: Louis-Philippe.

Ici vous pouvez suivre son parcours de Luxor à Rouen et en remontant la Seine jusqu'à Paris (1831). Il fut un cadeau de Mehmet Ali à Charles X en 1829 mais quand il fut finalement dressé sur la Place de la Concorde (1836) un autre monarque reignait sur la France: Philippe-Auguste.

You will also see the rubber raft ('*The Heretic*') used by *Dr. Bombard* in crossing the Atlantic in 1952, his books, his field glasses and his ship's instruments. He lived on plankton during the entire crossing.

Vous verrez aussi le radeau pneumatique ('*L'Hérétique*') dont le *Dr. Bombard* se servit pour traverser l'Atlantique, ainsi que ses livres, ses jumelles et ses instruments de bord. Il ne s'est nourri que de plancton pendant toute la traversée.

Diving gear, as you will see, has not much changed in the course of centuries. Like Carnaby street, the influence is English.

Le costume des scaphandriers n'a pas beaucoup changé, comme vous verrez, au cours des siècles. Comme Carnaby street, l'influence est anglaise.

If you are interested in flags and soldiering the *Musée de l'Armée* is the place for you. It is situated in the *Hôtel des Invalides* and is the most important military Museum in the world.

Si les drapeaux et tout ce qui concerne l'armée vous intéressent, le *Musée de l'Armée* fera votre affaire. Il se trouve à l'Hôtel des Invalides et c'est le plus important Musée militaire au monde.

If you enter from the *Esplanade des Invalides* you will see two tanks: they were used by *General Leclerc* in the liberation of Paris.

Si vous venez du côté de *l'Esplanade des Invalides* vous verrez deux tanks: ils furent utilisés par le *Général Leclerc* pour la liberation de Paris.

Among all sorts of old weaponry in the *Court of Honour* is a cannon—a present from Queen Victoria to Napoleon III.

Entre autres armes anciennes dans la *Cour d'Honneur* se trouve un canon—un cadeau de la reine Victoria à Napoléon III.

A 'Bateau Mouche' on the Seine

A Café on the Champs-Elysées

## MUSEUMS AND WAXWORKS

This Museum contains a fantastic collection of historic weapons of all kinds, as well as suits of armour and personal weapons which belonged to the kings of France.

Ce Musée possède une collection formidable d'armes historiques de toutes sortes, ainsi que des armures et des armes ayant appartenus aux rois de France.

There is a room full of captured flags, show cases full of uniforms (genuine)—from Louis XIII to the French Revolution—and personal mementoes of famous generals.

Il y a aussi une salle consacrée aux drapeaux ennemis, des vitrines remplies d'uniformes (authentiques)—de Louis XIII à la revolution française—et des souvenirs personnels de généraux célèbres.

A whole room is devoted to *Napoleon*; here you will find his *hat* (one of the 300); his tea-chest; his books; his chess-board; his camp bed and the bench from St. Helena where he used to sit for hours and contemplate the sea.

Toute une salle est consacrée à *Napoléon Bonaparte*: vous y trouverez son chapeau (un des 300); sa boîte à de thé; ses livres; son échiquier; son lit de camp et le banc de Sainte Hélène où il restait assis des heures entières à regarder la mer.

You will find a splendid collection of *toy soldiers* on the *third floor*. (French, Russian, German, Italian, French colonial troops—the Zouaves—and even Life Guards and Highlanders. Whole battles have been reconstituted.)

Vous trouverez une collection splendide de *soldats de plomb* au troisième étage. (Français, Russes, Allemands, Italiens, troupes françaises coloniales—les Zouaves—et même des soldats anglais et écossais. Ils se livrent ainsi de vraies batailles.

Other show cases contain rather larger dolls illustrating the change in military fashion from the days of ancient Gaul to the present day.

Les autres vitrines sont remplies de figurines d'une taille plus grande, témoins du changement de la mode militaire depuis le temps de l'ancienne Gaule jusqu'à présent.

\* \* \*

Are you interested in trains and planes and technical inventions? Go straight to the *Conservatoire des Arts et Métiers*. (Musée des Techniques.)

Vous intéressez vous aux trains et aux avions et aux inventions techniques? Allez donc tout droit au *Conservatoire des Arts et Métiers*. (Musée des Techniques.)

This most interesting Museum is housed in a former 13th-century Priory. (Saint-Martin-des-Champs.) A veritable child of the French revolution it came into being in 1799. Many of the exhibits were seized in the homes of émigrés and Royal prisoners—such as the oldest loom for spinning silk—a present to Louis XVI—or clockwork figurines and musical boxes made for his unhappy Queen, Marie-Antoinette.

Ce Musée extrèmement intéressant est établi dans un ancien prieuré du 13ème siècle. (Saint-Martin-des-Champs.) Un vrai enfant de la révolution, il fut créé en 1799. Parmi les objets exposés un grand nombre fut confisqué dans les maisons des émigrés et des prisonniers royaux, tel que le plus ancien métier pour tisser la soie—un cadeau fait à Louis XVI—ou les automates et boîtes à musique construites pour sa malheureuse reine, Marie-Antoinette.

Don't miss the *Hall of Echoes*. (Ground floor.) Stand in one corner, whisper and listen....

Ne manquez pas la *Salle des Echos*. (Au rez-de-chaussée.) Mettez vous dans un coin, chuchotez et écoutez....

To the left are models of early locomotives (Stephenson, Crampton and Norris, and many more) and a model of the driver's cabin of a modern Diesel locomotive. (A BB 16500.) If you ask one of the Museum guards he will start it up for you.

A gauche il y a des modèles réduits de locomotive (des Stephenson, Crampton et Norris, et bien d'autres) et un modèle d'une cabine de locomotive moderne Diesel. (Une BB 16500.) Le gardien vous la mettra en marche si vous lui demandez.

Among other interesting exhibits is:

apparatus used by the famous French chemist *Lavoisier* (18th century).

## MUSEUMS AND WAXWORKS

*Pascal's* arithmetic machine (with handwritten instructions).
one of the finest collections of clocks in the world (including hour glasses and sun dials)
and a whole series of 'firsts':
    a model of the first windmill
    the first microscope
    the first apparatus producing static electricity.

Parmi les autres objets intéressants se trouvent:
    les appareils utilisés par *Lavoisier* (18ème siecle)
    la machine arithmétique de *Pascal* (avec des instructions écrites a la main)
    une des plus riches collections d'horloges du monde (qui inclut des sabliers et des cadrans solaires)
    et toute une série de 'primeurs':
        un modèle du premier moulin à vent
        le premier microscope
        le premier appareil produisant de l'éléctricité statique.

You can follow the history of astronomy (the collection of early instruments includes 16th-century 'astrolabes'—instruments for measuring the distance of the stars); of printing; of photography (Daguerre and Niepce); of the Cinema (Lumière brothers) and follow the immense progress made in the field of telecommunications (from the first gramophone to the tape-recorder and to Radar).

Vous pouvez suivre l'histoire de l'astronomie (la collection des instruments astronomique primitifs inclut des 'astrolabes' du 16ème siècle—des instruments pour mésurer la distance aux astres); de l'imprimerie; de la photographie (Daguerre et Niepce); du Cinéma (les frères Lumières) et suivre le progrés immense fait dans le domaine des télécommunications (du premier gramophone au magnétophone et au Radar).

The first weights and measures are on show here (the standard metre), as well as the first wireless transmitter of the Eiffel Tower.

Les premiers poids et mésures sont à voir ici (l'étalon d'un mètre), ainsi que le premier transmetteur de la Tour Eiffel.

In the 13th-century apse is the plane in which *Louis Blériot* flew over the Channel, the 'bat-winged plane' of *Clément Ader* (1897), the first Peugeot (1893) and many other vintage cars, the first bicycle (1867) and the first motorbike (1887) and much else.

Dans l'abside du 13ème se trouve l'avion dans lequel *Louis Blériot* traversa la Manche, l'avion 'chauve-souris' de *Clément Ader* (1897), le premier Peugeot (1893) et beaucoup d'autres 'vieux tacots', la première bicyclette (1867) et la première motocyclette (1887) et beaucoup d'autres choses.

\* \* \*

The *Louvre* is the largest Museum in the world. It is far too vast to be seen at one go.

Le *Louvre* est le plus grand Musée du monde. Il est bien trop vast pour que l'on puisse le visiter en une seule fois.

The Museum is divided into six sections:
  Greek and Roman antiquities
  Oriental antiquities
  Egyptian antiquities
  Medieval, Renaissance and modern sculptures
  Paintings and drawings
  Medieval, Renaissance and modern objets d'art.

Les collections sont reparties en six départements:
  Antiquités grèques et romaines
  Antiquités orientales
  Antiquités égyptiennes
  Sculptures du Moyen-Age, de la Renaissance et du Temps moderne
  Peintures et dessins
  Objets d'art du Moyen Age, de la Renaissance et du Temps moderne.

The only possible solution is to choose one section that interests you most and leave the rest for another day.

La seule solution possible est de choisir un département qui vous intéresse le plus et de laisser le reste pour un autre jour.

Francis I started the collection of Greek and Roman antiquities, and of paintings; the collection grew and under Louis XIII the paintings

## MUSEUMS AND WAXWORKS

were exhibited in the 'Cabinet du Roi', later in the 'Grande Galérie'. It was the French revolution, however, which opened the Museum (then called 'Musée Francais') to the public.

François I$^{er}$ commença la collection d'antiquités grèques et romains et de tableaux; la collection s'aggrandit et sous Louis XIII les tableaux furent exposés au 'Cabinet du Roi', plus tard dans la 'Grande Galérie'. C'est la révolution française qui ouvrit le Musée (alors le 'Musée Français') au grand public.

Among the Louvre's most famous treasures is the *Venus de Milo*; the statue stands in a wing once built for the Queens of France, in what was once Anne of Austria's ornamental bathroom. (Today—prosaically—room 7, ground floor.) Despite the occasional swing to 'sweater girls' she has served as the model for perfect feminine beauty throughout the ages.

Parmi les plus beaux trésors du Louvre il y a la *Venus de Milo*; la statue se trouve dans une aile jadis construite pour les Reines de France, dans la salle qui jadis était la salle de bain ornamentale d'Anne d'Autriche. (Aujourd'hui—bien prosaique—la salle 7, rez-de-chaussée.) Malgré le penchant pour le 'sweater girl' qui se produit de temps à autre elle a été de tout âge un idéal de beauté feminine sans défaut.

The *Winged Victory of Samothrace* is another masterpiece; in 1863 she was discovered in a hundred pieces on the Greek island of Samothrace (and may originally have served as a ship's figurehead); today the headless lady who dates from the 3rd century B.C. stands on a landing of the main staircase. (Turn left, on entering by the *Porte Denon*.) She is very beautiful.

La *Victoire de Samothrace* est un autre trésor; elle fut découverte en 1863 en cent piéces sur l'île grèque de Samothrace (et aurait originellement servie de figure de proue); aujourd'hui la dame sans tête qui date du 3ème siècle avant J.C. se trouve sur un palier de l'escalier principal. (Tournez à gauche, en entrant par la *Porte Denon*.) Elle est très belle.

The most famous painting in the world, the *Mona Lisa*, hangs (usually) in the Grande Galérie. (She may temporarily be displaced elsewhere, i.e. the Salle des Etats.) She was painted by *Leonardo da*

*Vinci* and is believed to have been, in real life, Mona Lisa Gherardini, wife of Francesco Zanobi del Giocondo (hence her second name: '*La Gioconda*'.)

Le plus célèbre tableau du monde entier, celui de *Mona Lisa*, se trouve (d'habitude) dans la Grande Galérie. (Elle pourrait être temporairement transférée, à la Salle des Etats, par exemple.) Elle fut peinte par *Leonardo da Vinci* et fut dans la vie, croit-on, la femme de Francesco Zanobi del Giocondo (ce qui lui a valu son deuxième nom: '*La Gioconda*'.)

It may even be a play on words, for she looks both joyful (gioconda) and mysterious. People have been puzzling over her enigmatic smile for hundreds of years.

Ce pourrait même être un jeu de mots, car elle a l'air joyeux (gioconda) et mystérieux au même temps. Les gens ont été intrigué par son sourire énigmatique pendant des siècles.

In fact one of the commentaries on the paintings you can see on film is precisely on 'The mystery of da Vinci and his Mona Lisa'. This little 'Cinema' (cost: one Franc)—looking rather like a Punch and Judy show—stands outside the *Salle des Etats*. You can choose from a number of colour Films. Commentaries also in *English*.

En fait un des commentaires des tableaux en Film est précisement sur 'Le mystère de da Vinci et de sa Mona Lisa'. Ce petit 'Cinema' (prix: un Franc)—qui resemble plutôt à un guignol—se trouve à la sortie de la *Salle des Etats*. Vous pouvez choisir parmi différents Films en couleur. Les commentaires sont aussi en *anglais*.

Among the marvels of the Louvre's commentaries are the 'sound guides'. You hire one (for one Franc), look for a picture with a large 'T' beneath it and stand straight in front of it. Behind the painting is a tape recorder. Sound travels along a wire in the floor. It is all a matter of variations in the magnetic field (so experts have explained to me) but when you hold the instrument to your ear and the picture begins to 'speak' in English, it seems rather marvellous.

Parmi les merveilles des commentaires au Louvre sont les 'téléguides'. Vous en louez un (pour un Franc) et cherchez un grand 'T' en-dessous d'un tableau et vous vous mettez devant. Derrière le tableau se trouve un magnétophone. Le son est envoyé par un fil dans le plancher et ce n'est qu'une question de variation de champ magnétique (m'ont expliqué les experts) qui déclenche le méchanisme, quand vous portez l'appareil à votre oreille et le tableau commence à parler (en anglais); c'est formidable!

There are also 'audioguides' which will guide you around the Greek and Roman antiquities; often they are hired out in pairs and you see people chained to each other by ear phones.

Il y a aussi des 'audioguides' qui vous guideront parmi les antiquités Grèques et Romaines; souvent on les loue par deux et vous verrez des gens enchaînés par des écouteurs.

You will find postcards and reproductions on the groundfloor (hall between *Porte Denon* and *Porte de la Tremoille*).

Vous trouverez des cartes postales et des reproductions au rez-de-chaussée (le hall entre la *Porte Denon* et la *Porte de la Tremoille*).

The *Louvre* is floodlit and the Museum is open every *Friday* or every alternate Friday *evening* (according to the season). There are guided tours of the Louvre and special tours for groups can be arranged on request: *Service Educatif des Musées*, 36, Quai du Louvre, Palais du Louvre. (GUT 59–40.) Daily (except Saturday afternoons, Sundays and holidays: 10–12 a.m. and 2.30–5 p.m.).

Le *Louvre* est illuminé et le Musée est ouvert tous les *vendredis* ou tous les deux vendredis *soirs* (suivant la saison). Il y a des visites organisées su Louvre et des visites spéciales pour les groupes. Se renseigner: *Service Educatif des Musées*, 36, Quai du Louvre, Palais du Louvre, (GUT 59–40). Tous les jours (sauf les samedis, dimanches et jours de fêtes) de 10–12 h, et de 14.30–17 h.

And don't forget: *you may not wear Stiletto heels!*

Et n'oubliez pas: *il est interdit de porter des talons très hauts et pointus.*

\*     \*     \*

The *Museum of Modern Art* (*Palais d'Art Moderne*) has a collection of 2,000 paintings which include *Picasso, Braque, Rouault, Dufy, Matisse, Chagall,*[1] *Bonnard, Van Dongen* and many others.

[1] A painting by Chagall decorates the ceiling of the Opera.
Un tableau de Chagall décore le plafond de l'Opéra.

Le *Musée d'Art Moderne* (*Palais d'Art Moderne*) possède une collection de 2,000 tableaux qui incluent *Picasso, Braque, Rouault, Dufy, Matisse, Chagall, Bonnard* et beaucoup d'autre.

There are some paintings by artists of the *Impressionist* school though the bulk of their work is at the *Musée du Jeu de Paume*.

Il y a des tableaux des peintres de l'école *Impressioniste* bien que la plupart de leurs oeuvres se trouve au *Musée du Jeu de Paume*.

If you're looking for *abstract art*, there are many paintings on the first floor, where there are also 'spatio-dynamic sculptures' (such as 'Orbit III') which are fun.

Si vous cherchez *l'art abstrait*, il y a beaucoup de tableaux au 1er étage, où se trouvent aussi des 'sculptures spatio-dynamique' qui sont amusants.

Thirteen rooms are equipped with 'audioguides'. (Cost: one Franc.) Stand within a rectangle traced on the floor and hold the baton-like instrument to your ear. Commentaries include *English*.

Treize salles sont équippées avec des 'télé-guides'. (Prix: un Franc.) Mettez vous dans un rectangle tracé au sol et placez le baton à l'oreille. Commentaire aussi en *anglais*.

\* \* \*

Most Paris Museums are closed on *Tuesdays*: exceptions are the *Palais de la Découverte* and the *Musée du Conservatoire des Arts et Métiers*; some are closed on official holidays. Should the holiday fall on a Tuesday they are closed either the preceding or the following day. Check with the *French Government Tourist Office* or the *Paris Hostesses*.

La plupart des Musées à Paris sont fermés le *mardi*; le *Palais de la Découverte* et le *Musée du Conservatoire* en font exception; certains sont fermés les jours de fête. Si la fête tombe sur un mardi le Musée sera fermé le jour précédant ou le jour suivant. Le *Commissariat Général au Tourisme* ou les *Hôtesses de Paris* vous renseigneront.

School parties don't pay in some Museums—groups of adults pay half-price provided arrangements have been made sufficiently in advance. The Museums in question are marked with an asterisk on the list at the end of the book.

Certains Musées accordent des visites gratuites pour les groupes d'élèves—les groupes d'adultes paient demi-tarif si la demande a été formulée suffisamment à l'avance. Les Musées en question ont été indiqués par un astérisque sur la liste à la fin du livre.

\* \* \*

The *Musée de Cluny* (*Hôtel de Cluny*)—open since 1844—specialises in the artisan crafts of the Middle Ages. It has over 20,000 exhibits: Aubusson tapestries, statues, enamel work.

Le *Musée de Cluny* (*Hôtel de Cluny*)—ouvert depuis 1844—se spécialise dans les oeuvres artisanales du Moyen Age. Il possède plus de 20,000 objets: des tapisseries d'Aubusson, des statues, des travaux en émail.

Most famous of all is the 16th-century tapesty: '*The Lady with the Unicorn*' (in the Rotunda, first floor). According to some it depicts the five senses. The artist is unknown.

La tapisserie la plus célèbre est '*La Dame à la Licorne*' qui date du 16ème siècle. (Dans la Rotonde, au 1er étage.) Certains l'ont interprétée comme réprésentant les cinq sens. L'artiste est inconnu.

During the French revolution the tower was used as an observatory by the Navy and from it 21 planets were discovered.

A la Révolution française la Marine installa un observatoire dans la tour d'où 21 planètes furent découvertes.

The *Thermes*, the Roman baths, lie below the Museum; there are fragments of Roman columns and other reminders of the Roman occupation of Paris.

Les *Thermes*, les bains romains, se trouvent en dessous du Musée; il y a des fragments de colonnes romaines et d'autres vestiges datant du temps de l'occupation romaine de Paris.

\* \* \*

If you like history and want to know more about Paris the *Musée Carnavalet* is the place for you.

Si vous aimez l'histoire et voulez savoir davantage sur Paris le *Musée Carnavalet* fera votre affaire.

It is housed in a splendid 18th-century mansion (once the property of Madame de Sévigné, famous for her letters to her daughter). The garden and the courtyard are beautiful (especially floodlit).

Il est installé dans un ravissant Hôtel particulier du 18ème (jadis la propriété de Madame de Sévigné, célèbre pour ses lettres à sa fille). Son jardin et sa cour sont de toute beauté (Surtout illuminé).

The paintings and exhibits in this Museum give you a good idea of what Paris was like centuries ago. An authentic 'apothecary's' shop, a model of a water-carrier, old wrought-iron shop and tavern signs are on the ground floor and—tucked away in a corner—are models of old Paris buses.

Les tableaux et les objets exposés dans ce Musée vous donne une bonne idée de ce que Paris fut il y a des siècles. Une boutique authentique d'un 'apothécaire', le modèle d'un vendeur d'eau, des enseignes anciens de magasins et de tavernes en fer forgé se trouvent au rez-de-chaussée et—cachés dans un coin—sont des modèles d'anciens autobus parisiens.

Among other interesting exhibits are:
- the authentic bed of 'Mme. Elisabeth' (sister of Louis XVI), in the prison of the Temple;
- a 'mechanical armchair';
- a model of the Bastille prison and
- various objects recovered from this prison (handcuffs, etc.—all of them grisly and authentic);
- documents concerning the French revolution and
- a portrait gallery of the revolutionaries (Danton, Marat, Robespierre etc.).

A voir parmi tant d'autres choses intéressantes:
- le lit authentique de 'Mme. Elisabeth' (la soeur de Louis XVI) qu'elle utilisa à la prison du Temple;
- un 'fauteuil mécanique';
- un modèle de la prison de la Bastille et
- des objets retrouvés dans cette prison (des menottes etc., tous

## MUSEUMS AND WAXWORKS

 macabres et authentiques);
des documents de la Révolution francaise;
une galerie de portraits de révolutionnaires (Danton, Marat, Robespierre et d'autres).

\*   \*   \*

For music lovers:

 Pour ceux qui aiment la musique:

The *Musée Instrumental du Conservatoire de Musique* (an Annexe of the *Conservatoire National de Musique*—entrance from the garden) was originally a school of music (founded in 1795). Today it has 2,000 instruments of the greatest historic interest.

Le *Musée Instrumental du Conservatoire de Musique* (une annexe du Conservatoire National de Musique—l'entrée est dans le jardin) était à l'origine une école de musique (fondée en 1795). Aujourd'hui le Musée possède 2,000 instruments qui sont du plus grand intêret historique.

You can see there:

 *Beethoven's* clavicord (complete with his inkpot and pen—he used it for travelling)
*Marie-Antoinette's* harp (in a show case in the middle of the room)
The piano on which *Rouget de l'Isle* composed the *Marseillaise*.

 Vous pouvez y voir:

  Le clavicorde de *Beethoven* (avec son encrier et sa plume—et avec lequel il voyagea)
La harpe de *Marie-Antoinette* (dans une vitrine au milieu de la salle)
Le piano sur lequel *Rouget de l'Isle* composa la *Marseillaise*.

\*   \*   \*

For those who love Ballet:

 Pour ceux qui aiment la danse:

The *Musée de l'Opéra* is housed in the Opera house itself. (Entrance from the ramp.)

 Le *Musée de l'Opéra* se trouve dans l'Opéra même. (Entrée de la rampe.)

Models of stage sets; personal souvenirs of great dancers; costume designs by *Zeffirelli*; a portrait of *Richard Wagner* by *Renoir*; a painting by *Utrillo*, a water colour by *Marie Laurencin* and caricatures galore.

Des maquettes de décors; des souvenirs personnels de célèbres danseurs et danseuses; des dessins de costume de *Zeffirelli*; un portrait de Richard Wagner par *Renoir*; un tableau *d'Utrillo*, un aquarelle de *Marie Laurencin* et de nombreuses caricatures.

\* \* \*

### Sculpture
The *Rodin Museum* is in the former Hôtel Biron which the famous sculptor used as a studio. Lovely garden.

### Sculpture
Le *Musée Rodin* est dans l'ancien Hôtel Biron qui fut le studio du célèbre sculpteur. Beau jardin.

\* \* \*

### Waxworks
The *Musée Grevin*—founded in 1882 by the artist *Charles Grévin* is Paris' 'Madame Tussaud's'.

Le *Musée Grevin*—fonde en 1882 par le peintre *Charles Grévin*—est le Musée de cire de Paris le plus important.

Most VIPs are near the entrance; Britain is represented by the Queen, the Duke of Edinburgh, Mr. Wilson—and the Beatles. Infinite care has been taken to make them lifelike.

On s'est donné beaucoup de peine pour rendre vivant les personnages importants qui se trouvent près de l'entrée. L'Angleterre est representée par la Reine, le Duc d'Edinbourg, Monsieur Wilson —et les 'Yé-Yé anglais'.

Thirty-four magnificent 'tableaux vivants' bring French history to life (from Charlemagne to Napoleon III). A special section is devoted to the French revolution (the bath tub is the genuine one in which Marat was knifed by Charlotte Corday). Another section is devoted to Napoleon (that hat you see over there is genuine too—if you wonder where the remaining 298 are just ask that man over there sitting on a bench, or the lady at the cash desk—they'll still be there, they won't have moved—but I doubt that they'll answer you!)

## MUSEUMS AND WAXWORKS

Trente-quatre magnifiques tableaux vivants vous font revivre l'histoire de France (de Charlemagne à Napoleon III). Une partie spéciale est consacrée à la Révolution française (la baignoire est authentique et celle dans laquelle Marat fut poignardé par Charlotte Corday). Une autre partie est consacrée à Napoléon Bonaparte (ce chapeau que vous voyez là-bas est lui aussi authentique—si vous vous demandez où se trouvent les 298 autres, eh bien, demandez-le au monsieur assis là bas sur une banquette ou à la dame à la caisse—ils seront toujours là, ils n'auront pas bougés, mais je doute fort qu'ils vous auront répondu.

This Museum has some surprises in store for you!
Ce Musée vous réserve des surprises!

On the 1st floor is the *Palace of Mirages* (or how to be wafted from a Brahmin Temple to a Fête at the Alhambra, via an Enchanted Forest, without moving from the spot). Try it and see! It's great fun!

Au 1er étage se trouve le *Palais des Mirages* (ou comment se faire transporter d'un Temple Brahmane à une Fête à l'Alhambra, en passant par une Forêt Enchantée, sans bouger). Essayez-le, allez! C'est bien amusant!

There is also a fully-fledged *Theatre* (free performances at set times[1]) with frequently changing programmes. I saw a conjuror take 'Pépinette', a pink-eyed white lady rabbit, out of a hat, and perform many other miracles.

Il y aussi un vrai *Théâtre* (des spectacles gratuits à des heures fixes[1]): les programmes changent souvent. Moi, j'ai vu un prestidigitateur faire sortir d'un chapeau 'Pépinette' une lapine blanche aux yeux roses et accomplir bien d'autres miracles.

The *Hall of Mirrors* is near the exit.
Les *Glaces Déformantes* se trouvent près de la sortie.

\* \* \*

[1] Last performance at 5.40 p.m.
Dernier spectacle à 17 h 40.

For record fans (mono and stereo):
Pour les 'fanas' du disque (mono et stéreo):

The *Phonothèque Nationale* (formerly known as the '*Musée de la Parole*'—an apt name!) is fun for those who like to hear what the voice of Sir Winston Churchill, Adolf Hitler, Rudyard Kipling or Enrico Caruso (and of many other famous men) sounded like, or who like to see the ancestors of record-players and juke boxes.

La *Phonothèque Nationale* (anciennement connu sous le nom du '*Musée de la Parole*'—le mot juste!) est amusant pour ceux qui aiment écouter la voix de Sir Winston Churchill, d'Adolf Hitler, de Rudyard Kipling ou d'Enrico Caruso (et de bien d'autres hommes célèbres) ou de voir les ancêtres du gramophone et de la 'juke-box'.

Announce your visit beforehand.
S'annoncer auparavant.

\* \* \*

**For Stamp Collectors**
The *Musée Postal*: (Open 2–6 p.m.)
Complete set of all French stamps since they began (1849). Commemorative stamps on sale.

Le *Musée Postal*: (Ouvert de 14–18h).
Collection complète de tous les timbres français depuis le commencement (1849).

\* \* \*

Further suggestions for a rainy day:
D'autres propositions s'il pleut:

**The Institut Pasteur**
You can visit the tomb of Pasteur, but not the laboratories.
Write or telephone beforehand.

**L'Institut Pasteur**
Vous pouvez visiter la tombe de Pasteur, mais non pas les laboratoire.
Écrivez ou téléphonez auparavant.

\* \* \*

## Houses of Famous Men
## Les maisons d'hommes célèbres

The House of *Victor Hugo*. Full of interest.

La maison de *Victor Hugo*. Plein d'intêret.

The House of *Balzac*. Charming and contains a wonderful library of his works.

La maison de *Balzac*. Charmante et contient une bibliothèque splendide de ses oeuvres.

\* \* \*

You can combine this with a visit to the *French Radio & TV* Centre. Fascinating.

Vous pouvez le combiner une visite à la *Maison de la ORTF* au même temps. Passionnant.

\* \* \*

*Delacroix' Studio* on Place Furstenberg (one of the most charming squares on the left bank).

Le *Studio de Delacroix* Place Furstenberg (une des places les plus charmantes sur la rive gauche).

## The Catacombs
6 million skeletons (200 years old) taken from cemeteries all over Paris. Miles and miles of damp underground corridors. Take a torch, the candle you are given barely lasts you to the end.

## Les Catacombes
6 millions de squelettes (vieux de 200 ans) pris dans tous les cimetières de Paris. Des kilomètres et des kilomètres de couloirs souterrains humides. Munissez-vous d'une pile électrique, la chandelle qu'on vous donne dure à peine jusqu'à la sortie.

The pavilions at the entrance are part of the original wall of the Fermiers-Généraux; they were the toll-gates.

Les pavilions à l'entrée faisaient partie du 'Mur des Fermiers-Généraux'; ils étaient les barrières.

### The Conciergerie[1]
Rather grim prison. Souvenirs of Marie-Antoinette (her water-jug, her chair, her crucifix: a pathetic message traced out laboriously with the aid of a pin: 'I am guarded on sight—I speak to nobody—I entrust myself to you.' Souvenirs of Robespierre and other revolutionaries; the blade of the guillotine, the ladder to the scaffold ... ugh!

### La Conciergerie[1]
Prison plutôt sinistre. Souvenirs de Marie-Antoinette (sa cruche d'eau, sa chaise, son crucifix; un message pathétique tracé laborieusement à l'aide d'une épingle: 'Je suis gardée à vue—je ne parle à personne—je me fie à vous.' Des souvenirs de Robespierre et d'autres revolutionnaires; la lame de la guillotine; l'échelle de l'échafaud ... brrr!

[1] *Concierge*—in those days a powerful personage and Master of the King's Household.
*Concierge*—à cette époque un personnage puissant et gouverneur de la maison du roi.

Boulevard Haussmann

Place de la Concorde from the Tuileries Gardens

Foreign Tourists at a Street Fair

## Chapter 9: CHILDREN'S THEATRES

There are six Children's Theatres in Paris. They give performances during the school year only (October-June) and one's French has to be pretty good to follow them. However, all of them also include well-known fairy-tales in their programme—even 'Alice in Wonderland' or adapted versions of Dickens.

Il y a six Théâtres d'Enfants à Paris qui ne donnent des spectacles que pendant l'année scolaire (octobre à juin) et il faut avoir une connaissance assez bonne du Français pour pouvoir les suivre. Cependant des contes de fées bien-connus sont compris dans leurs repertoires—même 'Alice au Pays des Merveilles' ou des adaptations de Dickens.

These are not puppet theatres. All the plays are acted by real live actors—often child actors.

Ce ne sont pas des théâtres de marionnettes. De vrais acteurs jouent dans toutes les pièces—souvent des enfants.

The first and one of the best in the field is the *Rolland Pillain* troupe. This troupe moves around Paris on a three-theatre circuit. Every effort is made to give the shows a high gloss and the enthusiastic yells and comments of the audience show they are succeeding.

La première à s'établir et une des meilleure est celle de *Roland Pillain*. Elle se joue dans trois théâtres différents à Paris à tour de rôle. On essaie d'y rendre le spectacle aussi attrayant que possible et les cris et observations enthousiastes du public prouvent son succès.

Here is a list of children's theatres:

Voici une adresse des Théâtres pour Enfants:

*Le Théâtre du Petit Monde*
Salle Paul Faralicq,
27, rue Yves Toudic,
Paris 10e.  (700.23.79)

*Le Théâtre des Enfants Roland Pillain*
Théâtre de la Porte St. Martin
16, Bd. St. Martin
Paris 10e.                                (700.23.77)
*Théâtre des Enfants Modèles*
252, Rue du Faubourg St. Honoré
Paris 8e.                                 (227.28.76)
*Théâtre le Kaleidoscope*
5, rue Fréderique Sauton
Paris 5e.                                 (033.26.96)
*Alliance Française*
101, Bd. Raspail
Paris 6e.
*Théâtre Daniel Sorrano*
21, rue Daumesnil
Vincennes.

Programmes are announced in the press on *Sundays* and *Thursdays*. (French children's free half-day.)

On annonce les programmes dans la presse le *dimanche* et le *jeudi*. (Après-midi libre pour les enfants français.)

There are also special children's matinées at the *Comédie Française*.
Il y a aussi des matinées spéciales à la *Comédie Française*.

*Chapter 10:* CHILDREN'S ART CLASSES
AND SPECIALIST COURSES

Paris is full of art classes for children and specialist courses in music appreciation and ballet for young people. Here are a few for future reference, if your stay in Paris is too short to take advantage of any of them at present.

Paris est plein de cours de peinture et céramique pour enfants et des cours specialisés musicales et de Ballet pour jeunes gens. En voici quelques-uns, prenez note pour l'avenir si votre séjour actuel à Paris est trop court pour vous en servir.

## Art Classes
### Ecoles d'art

*L'Atelier*,                                (Children from 5 years onwards)
130, rue de Vaugirard,             (Enfants à partir de 5 ans)
Paris 6e.

*Atelier d'art enfantin*,
11, rue de Clichy,
Paris 9e.         (874.40.28)

*Atelier de Céramique d'Art du Chat*
(Atelier de céramique d'art)
Information: Mlle. Jullemier, 1, rue Fernand Cormon, Paris 7e.
(380.46.62)

*Les Pinceaux*,                                (From 5–16 years)
9, rue de Savoie,                  (De l'age de 5 à 16 ans)
Paris 6e.
Information: Mme. Gladys Jarreau, 91 bis, rue Gazan, Paris 14e.

*Les apprentis sculpteurs*,
36, rue Ducouedic,
Paris 14e.        (402.19.45)

### For Ballet Lovers
### Pour les amateurs du Ballet
*Maîtrise de danse Janine Solane,*
4, rue de la Grande Chaumière,
Paris 6e.  (033.79.78)

### For Music Lovers
The *Jeunesses Musicales de France* (11, avenue Delcassée, Paris 8e, tel. 225.43.26) organise a cycle of concerts—with commentary—for young people (age group 10 to 15) at the Salle Pleyel. The older age group—15-30 years—can get theatre and concert tickets at reduced rates. *Young foreigners are welcome.*

### Pour les amateurs de la musique
Les *Jeunesses Musicales* (11, avenue Delcassée, Paris 8e, tel. 225.43.26) organise un cycle de concerts—avec commentaires—pour jeunes gens de 10 à 15 ans à la *Salle Pleyel.* Les jeunes gens un peu plus agés—15-30 ans—peuvent assister à des concerts et à des rappresentations théatrales à prix reduits. *On accepte avec plaisir les jeunes étrangers.*

The *Evolution Musicale de la Jeunesse—Les Musigrains*[1] (11, rue Saint-Louis-en-l'Ile, Paris 4e) organises concerts at the *Théatre des Champs-Elysées* (as from November). The *Musigrains* group children from 7-9 years; the next grade is from 9-14; after that they move on to the '*Jeunesse*' group.

*L'Evolution Musicale de la Jeunesse—Les Musigrains*[1] (11, rue Saint-Louis-en l'Ile, Paris 4e) organise des concerts au *Théatre des Champs-Elysees* (à partir de novembre). Les *Musigrains* concernent les enfants de 7-9 ans; le stade suivant est de 9-14 ans; après on fait partie de la '*Jeunesse*'.

I saw one such performance (devoted to the Ballet) at the *Théatre des Champs-Elysées.* The commentary was lively and stimulating and stars of the Paris Opera took part; it was superb.

J'ai assisté à un de ces spectacles (consacré au Ballet) au *Théatre des Champs-Elysées.* Le commentaire fut vif et plein d'intêret et des vedettes de l'Opéra de Paris y prenaient part; c'était superbe.

\* \* \*

[1] 'Grains de musiques.'

### Special Lectures on History of Art (Illustrated)
*Museum of Decorative Art* (Pavillon de Marsan, 107-9, rue de Rivoli, Paris 1er). (Thursdays at 2.30 p.m., starting end of October.) Age group 8-15 years.

#### Conférences spéciales sur l'histoire de l'art (Illustrée)
*Musée d'Arts Décoratifs* (Pavillon de Marsan, 107-9, rue de Rivoli, Paris 1er). (Jeudi à 14 h 30, à partir de fin octobre.) Reservé aux enfants de 8-15 ans.

These talks can be repeated on other days and at other times *for parties of at least 40*. Requests must be made at least a fortnight in advance. Contact *Service Educatif, Musée des Arts Décoratif*, at above address.

Ces causeries pourront être répétées en dehors des jours et heures fixes et pour les *groupes d'au moins 40 enfants* qui en feront la demande au moins quinze jours à l'avance. S'adresser au *Service Educatif, Musée des Arts Decoratifs*, à l'adresse ci-dessus indiquée.

### Some Museums run Clubs
One of the best is the *Club Musée de l'Homme Jeunesse*, open to young people of any nationality from 8-25 years. (They are divided into three groups: 8-13, 13-18 and 18-25 years.) The Club already has many members in England and more are welcome. The Club's activities include visits to the Museum, Film shows and a summer camp in the Dordogne. (Of special interest to young archaeologists.)

#### Certains Musées organisent des Clubs
Un des meilleurs est le *Club Musée de l'Homme Jeunesse* ouvert aux jeunes de toutes nationalités entre 8 et 25 ans. On les divise en trois groupes: de 8 à 13, de 13 à 18 et de 18 à 25 ans. Le Club possede déjà des adhérents en Angleterre et souhaite en avoir davantage. Parmi les activités du Club sont des visites de Musée, au Cinéma et un camp en Dordogne en été. (D'un intêret spécial pour les jeunes archéologues.)

Further advantages are: free entry into various Museums, cheaper tickets to exhibitions and zoos and a stamp-collector's section enabling members to buy stamps at a cheaper rate.

D'autres avantages sont: entrée gratutite dans certaines Musées, des réductions pour les expositions et les zoos et une section philatélique qui permet aux adhérents d'acheter des timbres à un prix réduit.

If you want to become a member write to: *Musée de l'Homme, Services Extérieurs, Palais de Chaillot, Paris 16e.*

Si vous désirez y adhérer écrivez au *Musée de l'Homme, Services Extérieurs, Palais de Chaillot, Paris 16e.*

The *Palais de la Découverte* runs the *Club Jean Perrin* and the *Conservatoire National des Arts et Métiers* runs a Club for young technicians.

Le *Palais de la Découverte* organise le *Club Jean Perrin* et le *Conservatoire National des Arts et Métiers* organise un Club pour les jeunes techniciens.

Classes in deportment and good manners are now the thing in Paris. One of the best is run by a top model school, the *Ecole de Mannequins Lucky, 50, rue de Ponthieu, Paris 8e.* (Lucky was a famous Paris model.)

Les cours de maintien et de courtoisie sont très en vogue à Paris. Un des meilleurs est organisé par *l'Ecole des Mannequins Lucky, 50, rue de Ponthieu, Paris 8e.* (Lucky fut en célèbre mannequin parisien.)

PART THREE

# Both Indoors and Out

*Chapter 11:* SPORTS AND HOBBIES

**Swimming**
There are over 20 *swimming pools* in Paris (covered and open air), they open at different times and on different days so it is best to check beforehand by phoning.

**La natation**
Il y a plus de 20 *piscines* à Paris (couvertes et en plein air), elles sont ouvertes à des heures différentes et des jours différents, il est donc mieux de se renseigner auparavant par téléphone.

Here are a few: (Covered swimming pools.)
En voici quelques-unes: (Piscines couvertes.)
*Piscine des Amiraux*, 6, rue Hormann, *Métro: Marcadet* (MON 46.47)
Heated pool:
Piscine chauffée:
*Piscine Blomet*, 17, rue Blomet, 15e, *Métro: Volontaire* (SUF 35.05)
Largest pool in Paris:
La plus grande piscine de Paris:
*Piscine Lutetia*, 17, rue de Sèvres, 6e, *Métro: Sèvres-Babylone* (LIT 02.79)
In a luxury hotel:
Dans un palace:
*Piscine Molitor*, Avenue de la Porte Molitor, 16e, *Métro: Michel-Ange Molitor* (JAS 01.04)
In fashionable Passy:
Dans le quartier chic de Passy:
*Piscine Neptuna*, 28, Bd. Bonne-Nouvelle, 2e, *Métro: Bonne-Nouvelle* (PRO 69.48)
*Piscine d'Orléans*, 24, Avenue du Général Leclerc, 4e, *Métro: Denfert Rochereau* (SUF 43.61)

Heated pool:
Piscine chauffée:
*Piscine Hebert*, 2, rue de Fillettes, 18e, *Métro: Porte de la Chapelle* (NOR 60.01)
*Piscine Pontoise—Saint Germain*, 19, rue de Pontoise, 5e, *Métro: Maubert-Mutualité* (ODE 82.45)

And finally another large pool, the
*Piscine de Tourelles*, 148, Ave. Gambetta, 20e, *Métro: St. Fargeau*
Et finalement une autre piscine importante, la
*Piscine de Tourelles*, 148, Ave. Gambetta, 20e, *Métro: St. Fargeau*.

\* \* \*

**Open-air Swimming Pools**
There are two swimming pools in the Seine. (Filtered water.)
**Piscines en plein air**
Il y a deux piscines dans la Seine. (Eau filtrée.)
Le *Bain Royal*, Quai des Tuileries, 1er, *Métro: Concorde* (OPE 90.13), and/et
La *Piscine Deligny*, Quai Anatole France, 7e, *Métro: Chambre de Députés* (INV 72.15)
on the opposite bank.
sur l'autre rive.

\* \* \*

**Ice-skating**
There are two *skating rinks* in Paris; the more conveniently situated is the *Palais de Glace*, Champs-Elysées, 8e, *Métro: Franklin D. Roosevelt* (ELY 46.72).
**Le patinage sur glace**
Il y a deux patinoires à Paris, le plus commode c'est le *Palais de Glace*, Champs-Elysées, 8e, *Métro: Franklin D. Roosevelt* (ELY 46.72).

*Thursdays* are reserved for children. Also open Sunday mornings.
Les *jeudis* sont reservés aux enfants. Ouvert le dimanche matin.

*Closed:* December 24, 25, 31 and January 1.

*Fermé* le 24, 25, 31 Decembre et le 1 Janvier.

Patinoire Auteuil-Molitor, 17, Ave. de la Porte Molitor, 16e, *Métro:* Porte d'Auteuil.

Open Sunday mornings as well:

Le *Patinoire Auteuil-Molitor*, 17, Ave. de la Porte Molitor, 16e, *Métro:* Porte d'Auteuil.

Ouvert le dimanche matin aussi.

\* \* \*

## Riding
There are riding schools at the following addresses:

L'équitation

Il y a des manèges aux adresses suivantes:

*Jardin d'Acclimatation* (Bois de Boulogne, Porte de Neuilly).
*Manège Montevideo*, 7, rue de Montevideo, Paris 16e. (Tel. TROcadero 22.63).
*Manège Dabbadie*, 78, rue de Longchamp, Neuilly.
*Manège Macaire*, 72, rue de Longchamp, Neuilly.
*Manège de Neuilly*, 12bis, rue d'Orléans, Neuilly. (Tel. MAIllot 06.41).

(Riding lessons; outings in the Bois.)

(Leçons d'équitations; proménades au bois.)

*Manège Roussel*, 73, rue de la Faisanderie, Paris 16e.
*Manège Début de Roseville*, 27, rue Chauveau, Neuilly. (Tel. MAIllot 80.57)

\* \* \*

## Table-Tennis
For this (and some other games) the recently set up *Maisons des Jeunes et de la Culture*[1] are best. For the most part they are situated in the suburbs of Paris and the *French National Tourist Office*, 8, Avenue de l'Opéra, 1er—OPE 99.34—or the *B.I.J.* (Information Office for Youth), 7, rue Balzac, 8e (225.91.88) will let you have a full list of them. They are well-equipped residential hostels with

---

[1] Not to be confused with 'Maisons de la Culture' (see 'Entertainment').
Ne pas confondre avec 'Maisons de la Culture' (voir 'Distractions').

sports facilities and often swimming pools; they organise group visits to Paris.

**Le Ping-Pong**
Pour ce jeu (et pour d'autres sports) les *Maisons des Jeunes et de la Culture*, créés récemment et situées pour la plupart dans la banlieue de Paris, sont la meilleure solution. Le *Commissariat Général au Tourisme*, 8, Ave. de l'Opéra, 1er (OPE 99.34), ou le *B.I.J.* (Bureau d'Information pour la Jeunesse), 7, rue de Balzac, 8e (225.91.88) vous en fournira une liste complète. Ce sont des centre d'hébergement bien équippés possédant des terrains de sport et souvent des piscines; on y organise des excursions à Paris pour les groupes.

There are three in *Greater Paris*:

Il y en a trois à *Paris* et *tout près de Paris*:
46, rue Louis Lumière, 20e (Tel. 797.24.51), *Métro : Porte de Montreuil.*
3, rue du Docteur Calmette (Tel. 737.59.60), *Métro : Porte de Clichy.*
Centre Albert-Thomas-Cité jardin, Place Stalingrad, (Tel. 506.14.34), bus terminus: *144* (terminus de l'autobus: *144*).

The specially set up *Information Office for Youth* (B.I.J.), 7, rue Balzac 8e, (Telephone: 225.91.88) is open from 9 a.m.–9 p.m. weekdays *and* Saturdays, Sundays and holiday. (After 9 pm the 'Paris hostesses' take over.) (At the same address.)

Le B.I.J. (*Bureau d'Information pour la Jeunesse*) a été spécialement créé pour la jeunesse. (7, rue Balzac, 8e, Téléphone: 225.91.88.) Les bureaux sont ouverts de 9h à 21h tous les jours de 9h à 21h, ainsi que le samedi, dimanche et les jours fériés. Après 21h les 'Hôtesses de Paris' s'en chargent. (A la même adresse.)

The B.I.J. *has a daily list of accommodation available at youth hostels all over Paris* and are ready to deal with all your problems.

Le *B.I.J. a tous les jours des plans de disponibilté dans les Foyers de Jeunesse à Paris* et est prêt de s'occuper de tous vos problèmes.

\*            \*            \*

SPORTS AND HOBBIES

What about learning to play a French game? *Pétanque*, for instance.

Qu'en diriez vous d'apprendre un sport français ? Par exemple, le jeu de *Pétanque*.

It is a first-cousin of bowling, but a metal ball is used which makes it more difficult.

C'est un cousin du 'bowling', mais on s'en sert d'une boule métallique ce qui le rend plus difficile.

A Paris group—*Pétanque Bouliste du 7e*—offers tuition and *free* lessons for children under fifteen. They meet at the Restaurant Grangier, 36, rue Fabert, 7e. (*Métro : Invalides*.)

Un groupe parisien—*Pétanque Bouliste du 7e*—offre des leçons—*gratuits* pour enfants de moins de 15 ans. Il se réunit au Restaurant Grangier, 36, rue Fabert, 7e. (*Métro : Invalides*.)

You can also learn to play *Pelote Basque* in Paris, a game which requires enormous skill.

Vous pouvez aussi apprendre à jouer la *Pelote Basque* à Paris, un jeu qui demande une habilité énorme.

All information from: *Fronton Chiquito de Cambo*, 2, Quai du Point-de-Jour, 16e. (*Métro : Porte St. Cloud*.)

Pour touts renseignements prière de s'adresser à l'adresse ci-dessus indiquée.

\* \* \*

## Spectator Sports
Among the more unusual ones: a game of *Jeu de Paume*.[1] ('*Royal Tennis*' or '*Real Tennis*' in English.) This game—once played by the kings of France—is an ancestor of our present-day tennis. The game is complicated and requires more precision than tennis but the scoring is the same (the old French expressions are still in use). There are only two courts in France: one in Paris (at 74ter, rue

---

[1] The *Jeu de Paume* Museum was built on a former royal court where this game was played—hence the name.
Le Musée du *Jeu de Paume* fut construit sur l'emplacement d'un ancien court royal où on pratiquait ce jeu—ce qui explique son nom.

Lauriston, 16e—*Métro : Etoile*) and the other in Bordeaux, about 300 miles away.

### Manifestations sportives
Parmi les plus insolites : un match de *Jeu de Paume*. Ce jeu, jadis joué par les rois de France, est un ancêtre de notre tennis actuel. Le jeu est plus compliqué et demande une précision plus grande que le tennis mais on marque les points de la même façon (on emploie toujours les vieilles expression françaises). Il n'a que deux courts en France : l'un à Paris (à 74ter, rue Lauriston, 16e—*Métro : Etoile*—et l'autre à Bordeaux, à environ 500 km de distance.

I saw *The Jesters*, an ex-Cambridge University team, play a match against a French team. You may be just as fortunate.

J'ai vu les *Jesters*, une équipe d'ancients étudiants de Cambridge jouer contre une équipe française. Vous pourriez avoir la même chance.

There has also been an attempt to revive the game of *Jeu de Longue Paume*. This is played on an open court (the raquet and balls are different and one player can play against a maximum of six). You may be lucky in seeing a match in the *Luxembourg Gardens* on a fine Sunday. (Entrance: *Rue Guynemer*.)

On a fait un effort pour faire renaître le *Jeu de Longue Paume*. On le joue sur une cour ouverte (le raquet et les balles sont différents et une personne peut jouer contre un maximum de six). Vous le verrez peut-être jouer un dimanche ensoleillé au *Jardin du Luxembourg*. (Entrèe : *rue Guynemer*.)

\* \* \*

*Football* has become France's most popular sport.

Le *football* est devenu le sport le plus populaire en France.

You can watch matches at three stadiums: *Stade de Colombes* (train from St. Lazare or bus 164 from *Porte de Champerret*), *Championnat de France*—amateur and professional—and *Coupe de France*. Finals are played in the presence of the President of the Republic.

Vous pourrez voir un match à trois stades : *Stade de Colombes* (le train de St. Lazare ou l'autobus 164 de la *Porte de Champerret*),

# SPORTS AND HOBBIES

*Championnat de France*—amateur et professionnel—et *Coupe de France*. Le match final se joue en présence du Président de la République.

Football matches may also be played at the *Stade Coubertin* (Ave. des Moulineaux, 16e—*Métro : Porte de St. Cloud*—bus: 22, 27, 126, 175, 136, 62); *International matches* take place at the *Stade Roland Garros*. (2, Ave. Gordon Bennett, 16e—*Métro : Porte d'Auteuil, bus:* 52, 123.)

Les match de football se jouent aussi au *Stade Coubertin* (Ave. des Moulineaux, 16e—*Métro : Porte de St. Cloud*—autobus: 22, 27, 126, 175, 136, 62); Les *match internationaux* se jouent au *Stade Roland Garros* (2, Ave. Gordon Bennet, 16e—*Métro : Porte d'Auteuil*, autobus: 52, 123).

\* \* \*

### Tennis
Matches are played at the *Stade Roland Garros*. *Métro : Porte d'Auteuil*, bus: 52.

### Le Tennis
Les match se jouent au *Stade Roland Garros*. *Métro : Porte d'Auteuil*, autobus: 52

\* \* \*

### Bicycling
The famous annual *Tour de France* (followed by the whole of France with passionate interest) starts from a different place in France each year but always ends at the *Vélodrome du Parc des Princes*[1] (rue du Vélodrome, 16e—*Métro : Porte St. Cloud*, bus: 52, 72, PC).

### Le cyclisme:
Le célèbre *Tour de France* (suivi par la France entière avec un intêret passionné) part d'un point différent tous les ans mais se termine tojours au *Vélodrome du Parc des Princes*[1] (rue du Vélodrome, 16e—*Métro : Porte St. Cloud*—autobus: 52, 72, PC).

\* \* \*

---

[1] The *Parc des Princes* is named after the Prince de Condé who came here to hunt.
Le *Parc des Princes* doit son nom au Prince de Condé qu'y venait chasser.

### Races
There are four *race courses* in Paris: at AUTEUIL (Bois de Boulogne)—hurdles; at LONGCHAMP (Bois de Boulogne)—flat racing; at SAINT-CLOUD (rue de Buzenval, Saint-Cloud); and at VINCENNES (Bois de Vincennes)—trotting.

### Les courses
Il y a quatre *champs de courses* à Paris: à AUTEUIL (au Bois)—à obstacles; à LONGCHAMP (au Bois)—au plat; à ST. CLOUD (rue de Buzenval, St. Cloud); à VINCENNES (Bois de Vincennes)—au trot.

\* \* \*

### Hobbies
### Toy Soldiers
M. Bittard's tiny shop beneath the arcades of the *Palais Royal* (34, Galérie Montpensier, 1er) is fascinating. You can watch him at work, assembling toy soldiers, some of which are at the *Musée de l'Armée*.

### Les violons d'Ingres[1]
### Soldats de plomb
Le magasin minuscule de M. Bittard sous les arcades du *Palais Royal* (34, Galérie Montpensier, 1er) est passionant. Vous pouvez le voir à son travail, assemblant les soldats de plomb, dont certains se trouvent au *Musée de l'Armée*.

Try and talk to him: M. Bittard knows an awful lot about French history.

Essayez de lui parler. M. Bittard a des connaissances approfondies de l'histoire française.

\* \* \*

### Toy Trains
The *Association des Amis des Chemins de Fer* meets twice weekly in the bowels of the *Gare de l'Est*. (Cour souterraine des bagages, porte no. 9.) *Thursdays:* 8–11 p.m., *Saturdays:* 3–10.30 p.m.

---

[1] Ingres was a famous French painter; his hobby was playing the violin in his spare time.
Ingres fut un peintre français célèbre: il aima jouer du violon pendant ses loisirs.

Children playing outside the Palais de Chaillot

Place de la Concorde

Circular Radio and Television Centre

## SPORTS AND HOBBIES

### Trains miniatures
*L'Association des Amis des Chemins de Fer* se réunit deux fois par semaine au sein de la *Gare de l'Est*. (Cour souterraine des bagages, porte no. 9.) (*Jeudi*: 20–23h, *samedi*: 3–22.30h.)

Signal boxes, houses, stations and tunnels have been made by the members themselves. Width of gauge: 'H.O.' and 'H.' Bring your own train.

Les signaux, les maisons, les gares et les tunnels ont été faits par les adhérents eux-mêmes. Echelle de la voie: 'H.O.' et 'H.' Apportez votre propre train.

Two good shops for *toy trains* are in the *Passage du Havre*. (Near *St. Lazare*.)

Deux magasins pour trains miniatures se trouvent au *Passage du Havre*. (Près de *St. Lazare*.)

\* \* \*

### For Train Spotters[1]
The *Charolais goods depot* (corner of *rue du Charolais* and *rue du Rambouillet*, behind the *Gare de Lyon*. (Direct *Métro* or *bus*: 20, 63.) Here you will see the loading and unloading of the car-sleeper express. (*Paris–St. Raphael*.)

### Pour les 'fana'[1] du rail
La *gare de marchandises du Charolais* (au coin de la *rue du Charolais* et la *rue du Rambouillet*, derriére la *Gare de Lyon*. (*Métro* direct ou autobus: 20, 63.) Vous verrez ici le chargement et déchargement des trains auto-couchettes. (*Paris–St. Raphael*.)

\* \* \*

### Stamp Collecting
The main stamp market is off the *Rond-Point des Champs-Elysées* (corner Ave. Gabriel and Ave. Marigny)—(*Métro: Champs-Elysees-Clemenceau, bus*: 42, 73, 52), *Thursdays*, *Saturdays* and *Sundays*.

### Pour les collectionneurs de timbres
Le principal marché aux timbres est près du *Rond-Point des Champs-Elysées* (au coin de l'Ave. Gabriel et de l'Ave. Marigny)—

---
[1] 'les fanatiques'—the 'fanatics'.

(*Métro*: Champs-Elysées–Clemenceau, autobus: 42, 73, 52). Les *jeudis*, les *samedis* et les *dimanches*.

Other happy hunting grounds: the auctions at the *Salle Drouot* shops in the *Palais-Royal*; the *Postal Museum*; the *Club Musée de l'Homme Jeunesse* (see also chapter on 'The *P.T.T.*').

D'autres terrains de chasse fertiles: la vente aux enchères à la Salle Drouot; les magasins au *Palais-Royal*; le *Musée Postal*; le *Club Musée de l'Homme Jeunesse* (Voir aussi le chapitre sur '*Les P.T.T.*').

\* \* \*

**Coins and Medals**
Many shops beneath the arcades of the *Palais-Royal*.

**La monnaie ancienne et les médailles**
De nombreux magasins au-dessous les arcades du *Palais-Royal*.

\* \* \*

**Archaeology**
The *Club Musée de l'Homme Jeunesse* organises a summer camp in the Dordogne where young people can take part in digs. (See chapter on *Museums*.)

**L'archéologie**
Le *Club Musée de l'Homme Jeunesse* organise un camp de fouilles en été en Dordogne. (Voir chapitre *Musées*.)

\* \* \*

**Photography**
The *Photo-Ciné Club Val de Bièvre* (28ter, rue Gassendi, 14e) offers its members free use of the laboratory and studio. The Club already has many English associates and puts them in touch with French members; it takes part in international exhibitions and offers free criticism of photographs.

**La Photographie**
Le Photo-Ciné Club Val de Bièvre (28ter, rue Gassendi, 14e) donne la possibilité à ses adhérents de travailler gratuitement au laboratoire et au studio. Le Club possède déjà de nombreux adhérents en Grande-Bretagne et les mette en rapport avec ses

membres français; il participe à des expositions internationales et offre un service de critique gratuite aux photographies.

\* \* \*

## Bowling
At the *Jardin d'Acclimatation*, the *Jardin des Plantes* and various other places in Paris, such as *Club Vénétien*, 27, rue de Buci, 6e.

## Le Bowling
Au *Jardin d'Acclimatation*, au *Jardin des Plantes* et à d'autres endroits à Paris, tels que le *Club Vénétien*, 27, rue de Buci, 6e.

## Chapter 12: ZOOS AND AQUARIUMS

Let no one tell you that all zoos in the world are alike! Where else can you see a TIGON but at the zoo in *Vincennes* (the largest zoo in Paris). As the name implies it is a cross between a TIG-er and a li-ON (not invented by Edward Lear)! It really exists—a very handsome animal indeed, anyone but its parents, however, would be hard put to it to know that it was not, in fact, a TIG-ER!

Ne venez pas me dire que tous les zoos du monde se ressemblent! Où ailleurs qu'au Zoo de *Vincennes*, pouvez vous voir un TIGON? Comme son nom l'indique c'est un croisement entre le TIG-re et le LI-ON (pas créé par Edouard Lear)! Il existe vraiment—et c'est un bel animal, mais tout le monde, sauf ses parents, auraient bien du mal à voir qu'il ne s'agit pas d'un TIG-RE!

If you go in by the main entrance[1] (*Métro: Porte Dorée*) and head straight for the 210 ft rock the people standing on top will look to you like penguins nesting on a cliff. (In actual fact the penguins are down below.) But the people are up on top because there is a fine view over Paris. (Provided there is no mist.) You can ascend this rock by *lift*—or walk up the stairs: either way you pay extra, though not much: F.0.20.

Si vouz entrez par l'entrée principale (*Métro: Porte Dorée*) et vous vous dirigez directement vers le rocher (haut de 70 m) les gens au sommet ressemblent à des pingouins sur une falaise. (En fait les pingouins se trouvent en bas.) Mais les gens se trouvent en haut à cause du panorama splendide sur Paris. (A condition qu'il n'y ait pas de brume.) Vous pouvez monter sur ce rocher soit par *ascenseur*—soit par les marches; mais de toute façon il vous faudra payer un petit supplément: 0.20: F.

Many animals (like the penguins) are housed in caves in the rocks. Others roam freely as at Whipsnade. The monkeys, as everywhere,

[1] Main entrance Place Valhubert, *métro: Gare d'Austerlitz*.
Entrée principale Place Valhubert, *métro: Gare d'Austerlitz*.

attract crowds and their admirers—divided only by a moat and a few million years—cheer on the chimps and the baboons as if they were at a football match.

Beaucoup d'animaux (tels que les pingouins) sont logés dans les cavernes des rochers. D'autres se promènent en liberté, comme à Whipsnade. Les singes, comme partout, attirent des foules et leurs admirateurs—séparés d'eux seulement par un fossé et par quelques millions d'années—applaudissent les chimpanzés et les babouins comme s'ils assistaient à un match de football.

In the stork house there are some curious African storks: their clacking beaks sound like castanets. The Marabout looks like a petrified judge.

Dans la maison des cigognes il y a des bizarres cigognes africaines; leurs becs en claquant font un bruit de castagnettes. Le Marabout fait penser à un juge pétrifié.

Giraffes, flamingoes, elephants, hippopotami, lions and pumas . . . the Parisians pass them all, often without a second look.

Les girafes, les flamants roses, les éléphants, les hippopotamus, les lions et les pumas . . . les Parisiens défilent devant aux, souvent sans les regarder une deuxième fois.

This was not always so. The arrival of the first giraffe in Paris created quite a stir. It was a present from Sultan Mehmet Ali to Charles X and arrived in 1827 at the *Jardin des Plantes* (its journey from the port of disembarkation had taken two years, cheered all along the way). At the zoo people came and gaped and 'the giraffe was served with luncheon from a first floor window'.

Ceci ne fut pas toujours le cas. L'arrivée de la première girafe à Paris fut une sensation. Elle était un cadeau du Sultan Mehmet Ali à Charles X et arrivait au *Jardin de Plantes* en 1827 (son voyage du port de débarquement avait pris deux ans, les gens applaudissant le long de la route). Les badauds vinrent au zoo, le regard ébahi d'admiration et 'on servait le déjeuner à la girafe d'une fenêtre du premier étage'.

The third zoo in Paris is at the *Jardin d'Acclimatation* in the *Bois*.

Le troisième Zoo à Paris se trouve au *Jardin d'Acclimatation* au *Bois*.

The largest Aquarium in Paris is at the *Musée d'Afrique et d'Océanie*. (*Métro : Porte Dorée*.)

Le plus important Aquarium à Paris se trouve au *Musée d'Afrique et d'Océanie*. (*Métro : Porte Dorée*.)

Children and groups must have someone in charge. Signs warn: *Do not wear Stiletto heels. Do not lean over the railings.*

Les enfants et les groupes doivent être accompagnés. Des notices vous avertissent : *Des talons hauts et pointus interdits. Ne pas se pencher par dessus la rampe.*

This you will understand when you contemplate the crocodiles in their pit, rather nasty looking customers.

Vous comprendrez ceci en contemplant les crocodiles dans leur fosse, plûtot rébarbatifs.

The Aquarium also houses a giant turtle looking like a clown, elegant fish from tropical seas and electric eels (300 volts).

L'Aquarium héberge aussi une tortue géante qui ressemble à un clown, des poissons élégants des mers tropicales et des anguilles éléctriques (300 voltes).

The *Aquarium* at the *Trocadéro* (down the steps—in the garden of the *Palais de Chaillot*) is housed in a large grotto: it has stripy fish from Japan, Axolotls from Mexico and more familiar fish, such as carp, pike and conger eels.

*L'Aquarium* au *Trocadéro* (descendre les marches—dans le jardin du *Palais de Chaillot*) se trouve dans une grande grotte : il y a des poissons rayés du Japon, des Axolotl du Méxique et des poissons plus familiers, tels que des carpes, des brochets et des anguilles.

## Chapter 13: MARKETS, FAIRS AND FESTIVALS

'Look!' An ancient coffee grinder! A battered ship's lantern! An old helmet! A wheezing old gramophone! A chess set! A 3-ft high doll dressed in tattered silk and lace! How much do they cost? Are they a bargain?'

'Regardez! Un moulin a café ancien! Une lanterne de bord cabossée! Un vieux casque! Un vieux gramophone asthmatique! Un échiquier! Une poupée haute d'une mètre, habillée de lambeaux de soie et des dentelles! Combien coûtent-ils? Est-ce-que c'est une affaire?'

These—and many other—collector's items continue to draw large crowds to the largest 'flea market' in Paris at the *Porte de Clignancourt*. (Open three days a week: *Saturday*, *Sunday* and *Monday*.)

Ces objets—et beaucoup d'autres—qui passionnent les collecteurs, constituent toujours l'intêret principal qui attire les foules au plus important 'marché aux puces' parisien à la *Porte de Clignancourt*. (Ouvert trois jours par semaine: le *samedi*, *dimanche* et *lundi*.)

There are really five markets covering over 100 acres; the heart of it is the *Marché Vernaison*. Everything is there: from old cookers and wireless sets to Chinese shawls, old books and old engravings ... you will even find bits of crystal to repair a broken chandelier.

Il y a vraiment cinq marchés qui couvrent 50 hectares; le coeur en est le *Marché Vernaison*. Tout y est: de vieilles cuisinières et des postes de TSF, des écharpes chinoises, de vieux livres et des vieilles gravures ... vous y trouverez même des morceaux de cristal pour réparer un chandelier cassé.

Right in the centre of the *Marché Vernaison* is a real *guingette*:[1]

---

[1] A small country Café with accordeon music and a dance floor; many are on the banks of the Seine.
  Un petit Café de campagne, ayant de la musique d'accordéon et un parquet pour danser; il y en a beaucoup sur les bords de la Seine.

*Chez Louisette.* Louisette's guest book is full of signatures of well-known stars of stage and screen; Picasso drew a dove on the back of a Menu card.

Au coeur du *Marché Vernaison* se trouve une vraie *guingette*. Le livre d'or de Louisette est rempli de signatures de vedettes du Theatre et de l'écran; Picasso a dessiné une colombe sur les dos d'un menu.

The other three markets specialise in clothes, antique furniture, stuffed horses, sedan chairs, musical instruments—even a coffin was sold here.

Les trois autres marchés se spécialisent en vêtements, meubles antiques, chevaux empaillés, chaises à porteurs, instruments musicaux—même un cercueil y fut vendu.

Another happy hunting ground is the auction hall at the *Hôtel Drouot.* (*Métro: Montmartre.*)

Un autre terrain de chasse fertile est la *Salle Drouot.* (*Hôtel Drouot.*) (*Métro: Montmartre.*)

Among valuable stuff all manner of things may turn up, from cow bells to grandfather clocks: even a guillotine was once auctioned here!

Parmi des objets de valeur vous pourrez y trouver toutes sortes de choses, allant des cloches à vaches jusqu'à des pendules: même une guillotine y fut vendue aux enchères!

Should you have your eye on something not yet up for auction you can get a 'Commissaire Priseur'—one of the men in the white coats —to bid for you in your absence: you can arrange for payment and have it sent on to your home address.

Si un objet vous attire qui ne sera vendu aux enchères que plus tard, vous pouvez vous faire réprésenter par le Commissaire Priseur, un des hommes 'en manteau blanc'—vous arranger quant au paiement et vous faire envoyer l'objet chez vous.

\* \* \*

Paris has 86 markets (open and covered). The largest food market is Les *Halles.* Emile Zola called it 'the stomach of Paris'. It has recently been moved out of Paris and is now at *Rungis*, near Orly airport.

## MARKETS, FAIRS AND FESTIVALS

Paris possède 86 marchés (en plein air et couvert). Le plus grand marché est celui des *Halles*. Emile Zola l'appela le 'ventre de Paris'. Le marché a déménagé récemment et se trouve maintenant hors de Paris, à *Rungis*, près de l'aeroport d'Orly.

The most important *flower market* of Paris is at the *Marché de la Cité*, Place *Louis Lépine*.[1] Open daily, except Sundays and holidays, from 9 a.m.–6 p.m. (*Métro : Cité*)

Le *marché aux fleurs* principal de Paris se trouve au *Marché de la Cité*, Place *Louis Lépine*.[1] Ouvert tous les jours, sauf dimanche et fêtes, de 9 à 18h. (*Métro : Cité*)

The *bird market* is at the same address. Open Sundays until dusk.

Le *marché aux oiseaux* se tient à la même adresse. Ouvert le dimanche jusqu'à la tombée de la nuit.

### Food Markets
Other picturesque markets are at the *Cité du Rétiro* (near the *Madeleine*) or in the *rue de Buci* (*Métro : Odéon*). The market at the *rue Mouffetard* (open daily except Mondays) is a mixture of food and flea market, with some quite expensive eating places thrown in.

### Alimentation
D'autres marchés pittoresques sont à la *Cité du Retiro* (près de la Madeleine) ou dans la *rue de Buci* (*Métro : Odéon*). Le marché de la *rue Mouffetard* (ouvert tous les jours sauf les lundis) est un mélange entre un marché d'alimentation et un marché aux puces, avec en plus des Restaurants assez chers.

The largest fair is the *Foire du Trône* at *Vincennes*. (*Pelouse de Reuilly*.) Around Easter for a month. A kind of giant Battersea Fun Fair. (Nearest *Métro : Porte Dorée*.)

La Foire la plus importante est la *Foire du Trône* à *Vincennes*. (*Pelouse de Reuilly*.) À partir de Pâques pour un mois. Un parc de distraction géant. (*Métro* le plus proche: *Porte Dorée*.)

---

[1] Louis Lépine was the police prefect who gave Paris policemen their white batons. An annual inventor's Fair is named after him.
Louis Lépine était le préfet de police qui donna les batons blancs aux agents parisiens. Le Concours Lépine—concours d'inventeurs-qui se tient chaque année porte son nom.

PARIS IS FUN

The *Gingerbread Fair* is held every year *Avenue du Trône, Cours de Vincennes*, the week before Easter. (Nearest *Métro : Place de la Nation*.)

La *Foire au Pain d'Epice* se tient chaque année sur *l'Avenue du Trône*, Cours de Vincennes, la semaine avant Pâques. (*Métro* le plus proche: *Place de la Nation*.)

The *Ham Fair* which goes back to Roman times is held at the same time as the *Scrap Iron Fair* on the *Boulevard Richard-Lenoir*. (Nearest *Métro : Bastille*.)

La *Foire aux Jambons* qui remonte à l'époque romaine se tient à la même période que la *Foire à la Ferraille* (autour de Pâques) sur le *Boulevard Richard-Lenoir*. (*Métro* le plus proche: *Bastille*.)

*Travelling Fairs* in Paris are great fun. At Christmas the whole length of the Boulevards in Montmartre, from *Place Clichy* to *Place Blanche* and beyond, is one long fun fair; at the end of February there is a Fair at the *Place Denfert-Rochereau*, in June at the *Porte de Neuilly* and in August at the *Place de la Nation*.

Les *foires tournantes* à Paris sont bien amusantes. A Noel elles sont installées tout le long des Boulevards à Montmartre, entre le *Place Clichy* et la *Place Blanche* et plus loin; à la fin de février ellas sont à la *Place Denfert-Rochereau*, en juin à la *Porte de Neuilly* et en août à la *Place de la Nation*.

\* \* \*

### Paris Festivals (spring and summer)

*Festival du Marais* (plays and concerts staged against the magnificent background of floodlit mansions) in The marais district).

Le *Festival du Marais* (des pièces de théâtre et des concerts dans le décor magnifique des Hôtels du Marais illuminés).

*Son et Lumière* at the *Invalides*.

*Son et Lumière* aux *Invalides*.

*Festival of elegance : rue du Faubourg St. Honoré*. Every year a theme is set and the elegant shops compete in window dressing. One year it might be 'Music', another 'The Fables of La Fontaine' or another 'Imaginary Journeys'. At night the shop windows are illuminated.

*Festival de l'élégance : rue du Faubourg St. Honoré.* Les magasins élégants organisent un concours chaque année autour d'un théme. Une année cela pourrait être 'La Musique', une autre 'Les Fables de La Fontaine', ou 'Voyages Imaginaires'. 'Nocturne des vitrines.'

Open-air performances in the *Tuileries* gardens. (Molière at *Théâtre de Plein Air.*)

Spectacles de Molière au *Théatre de Plein Air* (Aux *Tuileries*).

Special light effects at the *Bagatelle* park.

Illuminations spéciales au parc de *Bagatelle.*

*Festival of St. Yves* at the *Arènes de Lutèce.*

Le *Festival de St. Yves* aux *Arènes de Lutece.*

Carillon concert at the *place du Louvre.*

Concert de carillon à la *place du Louvre.*

Garden party at the *Cité Universitaire.*

'Garden-party' à la *Cité Universitaire.*

Daily floodlighting of all Paris monuments.

Illumination quotidienne de tous les monuments à Paris.

## Festivals in Autumn (October)

*The Wine Harvesting Festival* of Montmartre. (There are vineyards at the corner of the rue des Saules and the rue St. Vincent, next to the Musée du Vieux Montmartre.) Organised by the 'Commune Libre du Vieux Montmartre' it celebrates the anniversary of Montmarte's 'secession' from Paris at the time of the Commune (1871).

Les Festivals d'automne (en octobre)

La *Fête des Vendanges* à Montmartre. (Il y a des vignobles au coin de la rue des Saules et de la rue St. Vincent, à côté du Musée du Vieux Montmartre.) Organisée par la 'Commune

Libre du Vieux Montmartre', cette Fête commémore l'anniversaire de la 'sécession' de Montmartre de Paris à l'époque de la Commune. (1871.)

*Festival of the Faubourg Saint-Antoine:* this year (1968) it celebrated the 185th anniversary of the first balloon flight made by Pilâtre de Rozier from this spot. (Balloon races from Place de la Bastille.)

Le *Festival du Faubourg Saint-Antoine:* cette année (1968) le Festival commémora le 185ème anniversaire de la premiere ascension en ballon de Pilâtre de Rozier. (Des courses de ballon de la Place de la Bastille.)

*Festivals of the Ile Saint Louis:* (Plays, Films, Exhibitions).
*Festival de l'Ile Saint Louis.* (Théâtre, Cinéma, Expositions.)

PART FOUR

# Coping with Things

*Chapter 14:* FRENCH MONEY

We'll all soon be on the decimal system but meanwhile we continue to use non-existent coins (such as Guineas). There's no nonsense of that kind in France—there are only *Francs* and *centimes*. One Franc has one hundred centimes—and that's that!

> Bientôt nous allons tous utiliser le système décimal mais entre-temps nous continuons à nous servir des pièces de monnaie inexistantes (telles les Guinées). Pas d'histoire de ce genre en France—il n'y a que des *Francs* et des *centimes*. Un Franc équivaut à cent centimes—et voilà tout!

A few years ago, however, there were 'old Francs' and 'new Francs' in circulation. Some of the old banknotes and all the old coins have been withdrawn; new banknotes have been issued. This is why you will find *two* 5, *two* 10, *two* 50 and *two* 100 Franc notes in circulation. They are perfectly legal. Look carefully at the pictures and you will see which are the old banknotes and which the new.

> Mais des 'anciens Francs' et des 'nouveaux Francs' étaient en circulation il y a quelques années. Certains des billets anciens et toutes les pièces anciennes ont été retirés de la circulation: on a émis des billets nouveaux. C'est pourquoi vous trouverez en circulation *deux* billets de 5 francs, *deux* de 10, *deux* de 50 et *deux* de 100. Leur cours est tout à fait légal. Regardez les portraits attentivement et vous verrez celui des deux billets qui est ancien ou nouveau.

|  |  | *Portrait of* | *Background* |
|---|---|---|---|
| Old notes. | Fr.5 | Victor Hugo | Pantheon |
|  |  |  | Place des Vosges |
|  | Fr.10 | Richelieu | Palais-Royal |
|  |  |  | Richelieu's home town |
|  | Fr.50 | Henry IV | Pont Neuf |
|  |  |  | Castle of Pau |
|  | Fr.100 | Napoleon | Arch of Triumph |
|  |  |  | Dome of the Invalides |

| New notes | Fr.5 | *Pasteur* | Pasteur Institute |
| | | | Statue of Jupille—shepherd |
| | | | Pasteur saved from rabies |
| | Fr.10 | *Voltaire* | Palais des Tuileries |
| | | | Château de Cirey |
| | Fr.50 | *Racine* | Abbey of Port-Royal des Champs |
| | | | Racine's home town of La Ferté-Milon |
| | Fr.100 | *Corneille* | Versailles Theatre |
| | | | Rouen |
| | Fr.500 | *Molière* | Palais-Royal Theatre |
| | | | Versailles Theatre |

though we need hardly worry about the last two!

| | | *Portraits de* | *En arrière-plan* |
| Billets anciens. | 5 F. | *Victor Hugo* | Le Panthéon |
| | | | La Pl. des Vosges |
| | 10 F. | *Richelieu* | Palais-Royal |
| | | | Ville natale de Richelieu |
| | 50 F. | *Henry IV* | Pont-Neuf |
| | | | Château de Pau |
| | 100 F. | *Napoléon Bonaparte* | Arc de Triomphe |
| | | | Dôme des Invalides |
| Billets nouveaux. | 5 F. | *Pasteur* | L'Institut Pasteur |
| | | | Statue de Jupille—le berger que Pasteur. Pasteur sauva de la rage |
| | 10 F. | *Voltaire* | Palais des Tuileries |
| | | | Château de Cirey |
| | 50 F. | *Racine* | L'Abbaye de Port-Royal des Champs |
| | | | La ville natale de Racine: La Ferté-Milon |
| | 100 F. | *Corneille* | Théatre de Versailles |
| | | | Rouen |
| | 500 F. | *Molière* | Théatre du Palais-Royal |
| | | | Théatre de Versailles |

mais on n'aura pas à s'en faire en ce qui concerne les deux dernières coupures!

\* \* \*

Kiosk known to Parisians as 'Colonne Morris'

BELOW: Fireworks on the Place de la Concorde

ABOVE: The 'Piscine Deligny'

On the way from school, Place Victor Hugo

If you want to earn the undying gratitude of the French police and help them to track down forgeries, look at the *watermarks*.

Si vous voulez que la police française vous soit eternellement reconnaissante et si vous voulez les aider à démasquer des faux, regardez bien les *filigranes*:

| | |
|---|---|
| On old F.5 banknote | portrait of Victor Hugo |
| On new F.5 banknote | portrait of Pasteur |
| On old F.10 banknote | portrait of Richelieu |
| On new F.10 banknote | portrait of Voltaire |
| On old F.50 banknote | portrait of Marie de Médicis |
| On new F.50 banknote | portrait of Andromaque |
| On old F.100 banknote | portrait of Napoleon (profile) |
| On new F.100 banknote | two characters out of Corneille plays |
| On F.500 banknote | Armand Béjart, a contemporary choreographer |
| Sur 5 AF | portrait de Victor Hugo |
| 5 NF | portrait de Pasteur |
| 10 AF | portrait de Richelieu |
| 10 NF | portrait de Voltaire |
| 50 AF | portrait de Marie de Médicis |
| 50 NF | portrait d'Andromaque |
| 100 AF | portrait de Napoléon I (profile) |
| 100 NF | deux personnages des pièces de Corneille |
| 500 F | Armand Béjart, chorégraphe contemporain |

And what about the coins?

Et les pièces?

There are *eight* different coins ranging from 1 centime to F.10.

Il y a *huit* pièces différentes allant d'un centime à 10 F.

*Two* are *yellowish* (made of a metal alloy):

*Trois* sont de couleur jaunâtre (fait d'un alliage de métaux):

Cent. 5, 10, 20  They have the figures '5', '10', '20' and the slogan of the French revolution—'Liberty, Equality, Fraternity'—on one side, on the other an allegoric head of the French Republic.

5 cent.⎫   Elles ont les chiffres '5', '10', '20' et la devise de la
⎬   revolution française—'Liberté, Egalité, Fraternité'
10   ⎬   —d'un côté et une tête allégorique de la Republique
20   ⎭   française de l'autre.

*One* is of *stainless steel*:
*Un* est *d'acier inoxydable*:

Cent. 1  figure '1' on one side—a wheat sheaf on the other.
  1 cent.  la chiffre '1' d'un côté—une gerbe de blé de l'autre.

*Two* are of *nickel*:
*Deux* sont de *nickel*:

Cent. 50  '1/2 Franc' and olive branch on one side—figure sowing wheat on other.
F.1.  Same design, slightly larger. (Copy of a coin in use in 1897.)
  50 cent.  Porte la mention '1/2 Franc' et un rameau d'olive d'un côté—'La Semeuse' de l'autre.
  1 F.  Même dessin, un peu plus grand. (Copie d'une pièce de 1897.)

*Two* are of *silver*:
*Deux* sont en *argent*:

F.5  Fruit and flowers on one side—'La Semeuse' on other.
F.10  '10 Francs' within a wreath on one side—on other allegoric figures representing 'Liberty, Equality, Fraternity'.
  5 F.  Dessin des fruits et des fleurs d'un côté—'La Semeuse' de l'autre.
  10 F.  Porte la mention '10 Francs' dans une couronne d'un côté—une representation allégorique de 'Liberté, Egalité, Fraternité' de l'autre.

Look at the **F**.5 piece with a magnifying glass; you will see a sunrise in the background on one side, a horn of plenty in the left-hand corner on the other—and in the right an owl—the signature of the engraver.

Regardez la pièce de F.5 avec une loupe; vous verrez le levée du soleil dans le fond d'un côté—de l'autre une corne d'abondance, en bas à gauche et une chouette à droite, la signature du graveur.

*Only the Franc pieces have milled edges.*
*Seul les Francs ont des bords crénelés.*

## Chapter 15: FRENCH MEASUREMENTS

With the advent of the Channel Tunnel and the use of the decimal system in a few years' time, you might as well get to know continental measurements right away. They are used everywhere in Europe and are far easier than the English measurements anyway!

Le tunnel sous la Manche sera bientôt réalisé et on emploiera le système décimal dans quelques années, vous pourrez donc vous habituer aux mésures continentales dès maintenant. On les emploie partout en Europe et elles sont bien plus simples que les anglaises!

*One metre is divided into one hundred centimetres.* Historically this measure was first adopted by France, other countries followed suit. You can follow its history at the *Conservatoire National des Arts et Métiers.*

*Un mètre se divise en cent centimètres.* Historiquement cette mésure fut d'abord adoptée par la France, les autres pays la suivirent. Vous pouvez suivre son developpement au *Conservatoire National des Arts et Métiers.*

An easier way of seeing its exact length is to have a close look at the front of the *Ministry of Justice, Place Vendôme.* It's there.

Une façon plus simple de voir sa longueur exacte et de bien regarder la façade du *Ministère de la Justice, Place Vendôme.* Il y est.

One metre is $39\frac{1}{3}$ inches.

Un mètre est $39\frac{1}{3}$ pouces.

One kilometre (km) is one thousand metres.

Un kilomètre (km) est mille mètres.

You convert kilometres into miles by multiplying by 8 and dividing by 5. (An easier—if slightly less accurate way—is to multiply by 0.6 and knock off the decimal.)

Pour convertir les kilomètres en milles: multiplier par 8 et diviser par 5. (Une méthode plus facile—mais un peu moins exacte—est de multiplier par 0.6 et d'enlever la décimale.)

*Weights* are measured in kilogrammes. (Kg.) *One kilogramme has one hundred grammes.* (gr.) *It is 2.2 pounds.*

On mesure le poids en kilogrammes. (Kg.) *Un kilogramme a cent grammes.* (gr.) *Il est 2.2 livres* (anglaises!).

You buy things in France by the *livre* as well. This is 500 gr.—½ kg.

On achète des choses en France par *livres* aussi. Une livre correspond à 500 g.—½ kg.

*Liquids* are measured in *litres*.

On mesure les liquides en *litres*.

One *litre* is a little more than a quart.

Un *litre* est un peu plus d'un 'quart'[1] (mésure anglaise).

## CONVERSION TABLE

1 km: ⅝ mile[2]
1 m:   39.4 inches
       3.28 feet
       1.093 yards
1 cm: 0.394 inches
1 litre (l): 1.06 quart
1 kilogramme (kg): 2.2 lb.
1 livre: 500 gr. : ½ kg.

\*     \*     \*

[1] 'Un quart' (in French) is ¼ kg.
'Un quart' (en Francais) est ¼ kg.

[2] m: 8/5 km.

*Chapter 16:* GETTING ABOUT BY BUS
AND MÉTRO

The good old green single-decker bus where the conductor rings the bell and off goes the bus just as you are about to put one foot on the platform is on its way out.

Le bon vieil autobus vert où le conducteur tire la corde et le bus s'en va juste au moment ou vous alliez poser le pied sur la plateforme est en train de disparaître.

It is being replaced by more modern buses. And eventually even double-decker buses (seating 100) might make their appearance in Paris.

On le remplace par des autobus plus modernes. Et des autobus à impériale (d'une capacité de 100 personnes) pourraient même apparaître à Paris par la suite.

Like the main thoroughfares the buses cross Paris from east to west and from north to south. The bus stops are easy to spot: the numbers of the buses stopping there are clearly marked, as well as the name of the stop (on the street side) and the route taken (on the side facing the pavement).

Les autobus traversent Paris de l'est à l'ouest et du nord au sud dans le sens des artères principales. Les arrêts d'autobus se reconnaissent facilement : les numéros des autobus s'y arrêtant sont clairement indiqués, ainsi que le nom de l'arrêt (côté rue) et le trajet (côté trottoir).

The little oblong box fixed to the stop provides you with your number in the queue. Pull the lever and take one of the numbered tickets (it does not matter if a whole handful flutters out—all you need is *one*). When the bus stops the conductor will call out the numbers—and your turn will come to get on.

La petite boîte rectangulaire—distributeur de numéros d'ordre—vous donne votre place dans la queue. Appuyez sur le levier et prenez un des tickets numerotés (cela ne fait rien du tout si toute une poignée en sort—il ne vous en faut *qu'un*). Quand l'autobus s'arrêtera le conducteur appelera les numéros—et votre tour viendra de monter.

First of all, however, come the 'priority ticket' holders: war invalids, pregnant women, mothers of large families.

Ceux qui montent les premiers sont ceux qui ont les 'cartes de priorité': les mutilés de guerre, les femmes enceintes, les mères de famille nombreuse.

*All Paris bus stops are request stops:* you must raise your hand and signal the driver. The buses do not stop unless someone is getting off or they are signalled.

*Tous les arrêts d'autobus sont des arrêts facultatifs:* il faut que vous fassiez signe au conducteur pour obténir l'arrêt. Les autobus ne s'arrêteront pas si personne en descend ou si vous ne leur faites pas signe.

In the 'old-fashioned' type of bus you get in and out at the rear platform: in the modern ones you get in at the back and get off either in the middle or at the front. *But if you don't ring the bell inside the bus you won't get off at all!*

Dans les autobus 'à l'ancienne', on monte et on déscend par'la plateforme arrière; on monte à l'arrière des autobus modernes et on descend à l'avant ou au milieu. *Mais on ne descendra pas du tout si on ne se sert pas de la sonnette à l'intérieur de l'autobus!*

You buy the bus tickets from the conductor—either singly or in the shape of a 'booklet' of 20 tickets. (Cheaper.) The route is divided into fare stages. Tell the conductor where you want to go and he will tear off the tickets—or if you prefer to be a real Parisian—look at the map inside the bus and work it out for yourself, tear off the required number of tickets and hand them to the conductor. It has been greatly simplified: You give up 2 tickets for one or two fare stages and 4 tickets for three or more fare stages. If you are with a friend you state the required number of tickets for each, i.e. 'Two- or four-tickets *per person* (*seat*), please.'

Vous achèterez les tickets du receveur—ou individuellement ou par *carnet* de 20 tickets. (Moins cher.) Le trajet est divisé en sections. Dites votre destination au receveur et il détachera les tickets —ou si vous préférez agir en vrai Parisien—consultez d'abord la carte à l'intérieur de l'autobus et calculez vous-même le nombre de tickets qu'il vous faudra, détachez-les et donnez-les au receveur. Le système a été bien simplifié. Vous donnerez 2 tickets pour une ou deux sections et *4* tickets pour trois sections ou plus. pour chacun, par exemple: 'Deux— ou quatre— tickets *par place*, s'il vous plaît.'

\* \* \*

Paris buses run from 6.30 a.m. to around 9 p.m. (and a few until around midnight).

Les autobus parisiens circulent entre 6.30h et environ 21h (et quelques-uns jusqu'à environ minuit).

Here is a guide to their destinations:

Voici un guide de leurs terminus:

| | | |
|---|---|---|
| All buses beginning with | 2 go to | St. Lazare |
| Tous les autobus qui commencent par un | 2 vont à | St. Lazare |
| | 3 | Gare de l'Est |
| | 4 | Gare du Nord |
| | 5 | Place de la République |
| | 6 | Gare d'Orsay |
| | 7 | Hôtel de Ville |
| | 8 | Gare du Luxembourg |
| | 9 | Gare Montparnasse |

All-night buses run every hour (and require an extra ticket per journey). They have letters instead of numbers.

Les autobus de nuit marchent toutes les heures (et un ticket supplémentaire est perçu par parcours). Ils ont des lettres au lieu de numéros.

*Not all Paris buses run on Sundays and holidays.* So *check* at bus stops. There is usually a notice in this case saying: '*Excepting Sundays and holidays.*'

## GETTING ABOUT BY BUS AND MÉTRO

*Les autobus parisiens ne circulent pas tous le dimanche et les jours de fêtes. Renseignez-vous* donc aux arretes d'autobus. Dans ce cas il y a une pancarte qui dit: '*Sauf dimanche et fêtes.*'

\* \* \*

The Paris Métro, built by Monsieur Fulgence Bienvenue in 1902, is 39 years younger than the London tube.

Le métro de Paris, construit par Monsieur Fulgence Bienvenue en 1902, est de 39 ans plus jeune que le 'tube' de Londres.

It conveys 6,000,000 passengers daily over a 250-mile long network. It is quite easy to find your way about on it if you bear in mind that you must look for the *terminus* of a line.

Il transporte 6,000,000 de passagers par jour à travers un reseau de 155 km. Il est très facile de s'orienter si vous vous rappeler qu'il faut chercher le *terminus* d'une ligne de métro.

There are 14 'lines' (and one suburban line: the *ligne de Sceaux*).

Il y a 14 'lignes' (et une ligne de banlieu: *la ligne de Sceaux*).

Line *no. 1*:   *Chateau de Vincennes—Pont de Neuilly*
Ligne *no. 1*:
   *no. 2*:   *Nation—Porte Dauphine*
   *no. 3*:   *Porte des Lilas—Pont de Levallois-Becon*
   *no. 4*:   *Porte de Clignancourt—Porte d'Orléans*
   *no. 5*:   *Eglise de Pantin—Place d'Italie*
   *no. 6*:   *Nation—Etoile*
   *no. 7*:   *Mairie d'Ivry—Porte de la Villette*
   *no. 8*:   *Balard—Charenton-Ecole*
   *no. 9*:   *Pont de Sèvres—Mairie de Montreuil*
   *no. 10*: *Gare d'Orléans—Austerlitz—Porte d'Auteuil*
   *no. 11*: *Chatelet—Mairie des Lilas*
   *no. 12*: *Mairie d'Issy—Porte de la Chapelle*
   *no. 13*: *Gare St. Lazare—Porte de Clichy*
   *no. 14*: *Porte de Vanves—Invalides.*

You would expect the deepest point to be where the métro runs beneath the Seine (line *no. 8*—between *Concorde* and *Invalides*) but in actual fact it is on line *no. 12*—between *Abbesses* and *Lamarck*.

On s'attendrait à ce que le point le plus profond serait à l'endroit où le métro passe en dessous de la Seine (ligne *no. 8*—entre *Concorde* et *Invalides*) mais en realité c'est sur la ligne *no. 12*—entre *Abbesses* et *Lamarck*.

A new express line is being built between the *Rond-Point de la Défense* (Exhibition Hall of the c.n.i.t.) and *Place de la Nation*: one of the intermediate stops will be at the Etoile. (Incidentally the first Métro station in Paris.)

Un nouveau réseau express regional se construit entre le *Rond-Point de la Défense* (Palais du c.n.i.t.) et la *Place de la Nation*: l'un des arrêts intermédiaires sera à l'*Etoile*. (La première station du métro à Paris, d'ailleurs.)

Some Paris Métro stations have deliberately been preserved as period pieces (Style Guimard). A good example of the Art-Nouveau turn-of-the-century style is the 'Porte Dauphine'. (Exit corner Ave. Foch and Bd. de l'Amiral Bruix.)

Certains stations de Métro ont gardé exprès leurs aspects 'Art-Nouveau' fin-du-siècle. (Style Guimard.) Un bon exemple en est la 'Porte Dauphine'. (La sortie au coin de l'Ave. Foch et du Bd. de l'Amiral Bruix.)

Experiments have also been made with quite modern entrances and a streamlined 'M' for 'Métro', but they seem out of place in Paris.

On a aussi experimenté avec des entrées modernes et avec un 'M' linéaire pour indiquer le Métro, mais elles ne cadrent pas avec Paris.

Good maps are posted outside each Métro station, in the ticket hall and on the platform. (Some—such as at *Opéra*—have an electric push-button system which will help you—if it works!)

Devant les bouches de métro se trouvent des bonnes cartes, ainsi que dans les entrées et sur les quais. (Certains—comme, par exemple, à *l'Opéra*—possèdent un système éléctrique qui vous aidera—s'il marche!)

You buy tickets singly or in 'booklets' of ten. (Cheaper.) There are *no* fare stages—you can travel the whole length and breadth of the network on one ticket; they are valid any day from any station.

## GETTING ABOUT BY BUS AND MÉTRO

Vous achetez les billets individuellement ou par *carnets* de dix. (Plus économique.) Il n'y a pas de sections—vous pouvez vous promener tout le long du réseau avec un billet; ils sont valables n'importe quel jour de n'importe quelle station.

The station you are at will be ringed by a red circle—interchange stations will be ringed by a larger one.

La station où vous vous trouvez sera entourée d'un cercle rouge sur la carte—les *Correspondances* seront entourées d'un cercle plus grand.

The trains are larger than the London tube and the tunnels wider: they take double tracks.

Les trains sont plus grands que le 'tube' londonien et les tunnels plus larges: ils renferment deux voies.

Some new coaches (on line no. 1, no. 13) have pneumatic wheels to deaden the noise and to increase the speed. Many stations have been modernised inside. (Opéra, Franklin D. Roosevelt, for example.)

Les voitures nouvelles (ligne no. 1, ligne no. 13) ont des roues pneumatiques pour étouffer le bruit et pour accélérer la vitesse. L'intérieur d'un grand nombre de stations a été modernisé. (L'Opéra, Franklin D. Roosevelt, par exemple.)

There are two classes on the Paris Métro: the 1st class coach stops in the middle of the platform. (If you travel before 8 a.m. you are entitled to use your 2nd class ticket in the 1st class.)

Le métro parisien a deux classes: la voiture de Ière s'arrête au milieu du quai. (Si vous voyagez avant 8 h du matin vous avez le droit de monter dans une voiture de Ière classe avec un billet de IIème.)

Never throw your ticket away (it is only checked at the entrance)— an Inspector may board the train. (Especially in the 1st class coaches.) And however much in a rush you are, *never* try to push past the entrance gate: *it shuts automatically as the train draws into the station.*

Ne jetez jamais votre billet (on ne le poinçonne qu'à l'entrée)—un Inspecteur pourrait monter. (Spécialement dans les voitures de

Ière classe.) Et même si vous êtes très pressé, n'essayez *jamais* de forcer le portillon à l'entrée : *il se ferme automatiquement quand le train entre en gare*. '*Ne pas tenter d'y passer pendant la fermeture*.'

Try to avoid the Paris rush hour (before 9 a.m., between 12-2 p.m. and between 6-7 p.m.).

Essayez d'éviter les heures d'affluence à Paris (avant 9h du matin, entre midi et 14 h et entre 18 h et 19 h).

The train cannot leave if the doors are not closed. Closed-circuit TV has been installed to help the conductor to check that all passengers have got in or out of the train and that it is safe to leave. Where stations without TV lie on a curve you will see one of the staff hold up a disk as a signal for the conductor: it means that all is well. (You can watch this at the Gare de l'Est.)

Le train ne peut partir que les portes fermées. On a installé des appareils TV (circuit fermé) pour que le conducteur puisse voir si tous les passagers sont descendus du train ou y sont montés. Dans les gares en courbe sans TV vous verrez un employé de la R.A.T.P.[1] soulever un disque sur un baton; ceci est un signal pour le conducteur que tout va bien. (Vous pourrez l'observer à la Gare de l'Est.)

The conductor 'releases' the doors (compressed air keeps them closed, you can hear it hissing as he releases the mechanism), but you still have to *open* them yourself (except on the new trains with doors that open automatically).

Le conducteur 'relâche' les portes (l'air comprimé tient les portes fermées, on entend le sifflement quand il déclenche le mécanisme), mais vous devez quand-même ouvrir les portes vous-même (à l'exception des trains nouveaux qui ont des portes automatiques).

Four seats inside the coaches (at either end) are reserved for 'Priority card' holders: War wounded, invalids, mothers-to-be and persons accompanied by children under 4 years of age.

Quatre places dans les voitures (à chaque bout) sont reservées pour ceux qui sont munis de 'Cartes de Priorité': aux Mutilés de Guerre, aux invalides, aux femmes enceintes et aux enfants accompagnées d'enfants agés de moins de 4 ans.

[1] Régie Autonome des Transports Parisiens.

One of the most recent additions to the Métro is the 393 ft long *Moving Pavement* at Châtelet.

Une des additions les plus récentes est le *Trottoir Roulant* au Châtelet, long de 131 m.

The métro runs from 5.30 a.m. to 12.30 a.m. (And during the night a silent ghost train swishes through cleaning the tracks and the stations.)

Le métro circule de 5 h 30 à 24 h 30. (Et pendant la nuit un train fantôme—le 'train aspirateur'—passe silencieusement, nettoyant les voies et les gares.)

\* \* \*

**Closed Stations**
  **Stations fermées**
  Arsenal
  Champ-de-Mars
  Cluny
  Croix-Rouge
  Liège
  Rennes
  Saint-Martin

\* \* \*

And don't forget that *Montmartre* is the station for the *Boulevard Montmartre* and not for Montmartre itself.

Et n'oubliez pas que la station de *Montmartre* dessert le *Boulevard Montmartre* et non le quartier de Montmartre.

\* \* \*

If you intend to travel around Paris a great deal buy a *tourist ticket* valid for *seven days*; it allows you unlimited travel on *bus* and *métro* (1st class) and on the *ligne de Sceaux*.

Si vous vous déplacer beaucoup à Paris achetez un *Billet Touristique* valable pour sept jours; ceci vous permettra de voyager tant que vous voulez par *l'autobus* et *le métro* (en 1ère classe) et sur la *ligne de Sceaux*.

You can get it at the *R.A.T.P.*[1] offices: 53 bis, Quai des Grands Augustins, or at the *French Tourist Office* (8, Ave. de l'Opéra, Ier or 127, Champs-Elysées, 8e) or at the *Paris Welcome Office* (7, rue Balzac, 8e) *upon presentation of your passport.*

Vous le trouverez aux bureaux de la *R.A.T.P.*[1]: 53 bis, Quai des Grands Augustins, ou au *Commissariat Général au Tourisme* (8, Ave. de l'Opéra, Ier ou 127, Champs-Elysées, 8e) ou au *Service d'Accueil* (7, rue Balzac, 8e) *en présentant votre passeport.*

*Make sure you haven't left anything behind in bus or métro.* But if you have look up the chapter *Lost and Found.*

*Assurez-vous que vous n'avez rien oublié dans l'autobus ou dans le métro.* Mais si cela vous est arrivé voyez au chapitre *Objets Trouvés.*

[1] R.A.T.P.—the Paris Transport Authority.
R.A.T.P.—la 'Régie Autonome des Transports Parisiens'.

## Chapter 17: THE P.T.T.

Paris post boxes turn up in unexpected places. If they are not fixed to walls outside tobacconists' shops they are fixed to the bottom of lamp posts. One day—so the story goes—a lorry knocked down one of these lamp posts. Out tumbled all the letters ... among them some dating from the year 1904 .. !

> On rencontre les boîtes à lettres parisiennes dans des endroits insoupçonnés. Si elles ne sont pas accrochées aux murs extérieurs des bureaux de tabac elles sont accrochées aux lampadaires. Un beau jour—raconte-on—un camion rentra dedans et renversa un de ces lampadaires. Toutes les lettres en sortirent ... certaines dataient de 1904 .. !

Now this is of course an exaggeration. And in any case these days will soon be over. The French postal authorities—among the most modern in Europe—are introducing many innovations—and, anyway, the new stream-lined lamp-posts don't serve the purpose any more!

> Cela est évidemment bien éxageré. Et de toute façon ces jours seront bientôt révolus. Les P.T.T.[1]—parmi les administrations postales les plus modernes en Europe—sont en train d'introduire de nombreuses innovations—et, de toute façon, les nouveaux lampadaires élancés ne répondent plus au but!

Certain lamp posts have survived the onslaught (such as the one opposite Lancel, Place de l'Opera). But times are rapidly changing—and so are the colours of Paris post boxes. They are now *yellow* (instead of blue)—to be in line with other European countries.

[1] The initials 'P.T.T.' stood for 'Ministère des Postes, Télégraphes et Téléphones' —now renamed 'Ministère des Postes et Télécommunications'. The initials have remained however. You can see them outside all Paris post offices.
  Les initiales 'P.T.T.' signifiaient 'Ministère des Postes Télégraphes et Telephones'—actuellement rebaptisé 'Ministère des Postes et Télécommunications'. Les initiales sont restés pourtant. Vous pouvez les voir devant tous les bureaux de poste parisiens.

Certains lampadaires ont survécu à l'attaque (celui en face de Lancel, Place de l'Opera, par exemple). Mais les temps sont en train de changer rapidement—ainsi que les couleurs des boîtes à lettres parisiennes. Elles sont *jaunes* maintenant (au lieu de bleues) —s'alignant sur les autres pays européens.

Other postal innovations include:
English-speaking hostesses at some Paris post offices (rue Gluck, 9e—opposite Galéries-Lafayette; Champs-Elysées, 8e—rue Molière, 1er)
piped music in modernised post offices
*yellow* stamp machines

P'armi les autres innovations postales:
les hotèsses parlant anglais (aux bureaux de poste de la rue Gluck—face aux Galèries-Lafayette; aux Champs-Elysées, 8e—rue Molière, 1er)
la musique dans des nombreux bureaux de poste modernisés
les distributeurs automatiques de timbres (à la *Gare St. Lazare*, par exemple).

The P.T.T. use three space stations for their telecommunications, among them *Goonhilly* in England.

Les P.T.T. utilisent trois stations spatiales pour leurs télécommunications, parmi elles *Goonhilly* en Angleterre.

Paris post offices are open from 8 a.m.–7.30 pm (weekdays), from 8 a.m.–12 noon (on Saturdays) and on Sundays and holidays at least one post office is open in every arondissement from 8–11 a.m. (and from 8 a.m.–12 p.m., and 2–4 p.m. for telegrams and telephones).

Les bureaux de postes à Paris sont ouverts de 8 à 19 h 30 (jours de semaine), de 8-12 h (le samedi) les dimanches et fêtes il y a au moins un bureau de poste ouvert par arondissement (et de 8 h–midi et de 14–16 h pour les télégrammes et téléphones).

Some post offices stay open longer—until 9, 10 and even 11.30 p.m. for telegrams (weekdays). Among them are the post offices at the *Gare St. Lazare*, at the Air Terminal of *Les Invalides* and at the *Champs-Elysées*.

Certains bureaux de poste restent ouverts plus longtemps— jusqu'à 21 h, 22 h—et même 23 h 30 pour les télégrammes (les

One of the few remaining 'Fiacres'

Two girls sitting on one of the fountains, Place de la Concorde

Sailing on the pond in the Luxemburg Gardens

## THE P.T.T.

jours de semaine). Parmi ceux-ci le bureau de poste à la *Gare St. Lazare*, à l'aérogare des *Invalides* et aux *Champs-Elysées*.

The *central post office* at 52 rue du Louvre, 1er (GUT 84.60) is open *day and night*. The *Orly* airport post office is open day and night for telegrams and there is a skeleton service at *Le Bourget* airport. (Night.)

Le *Bureau de Poste Central*, 52, rue du Louvre, 1er (GUT 84.60) est ouvert jour et nuit. Le bureau de poste à l'aéroport *d'Orly* est ouvert jour et nuit pour les télégrammes et il y a un service reduit à l'aéroport *du Bourget*. (La nuit.)

If you only want to buy stamps you don't need a post office at all in Paris. They are sold at a '*Bureau de Tabac*' inside some Cafés, indicated outside by a lozenge-shaped red sign, popularly known as a 'carrot'. Tobacco as a state monopoly goes back to Colbert, Finance Minister of Louis XIV.

Si vous ne voulez qu'acheter des timbres, vous n'aurez pas besoin d'un bureau de poste. On les vend aux *Bureaux de Tabacs* dans certains Cafés; de l'exterieur on les reconnait à un signe rouge en forme de losange, communément appelé 'Carotte'. Le tabac est Monopole d'État depuis Colbert, Ministre des Finances sous Louis XIV.

A letter to England costs F.0.60, a post card F.0.40, a 5-word greeting F.0.30 (it has only been abolished inside France—don't let anyone tell you otherwise—and if you are writing postcards in industrial quantities every centime counts!) For this reason it is a good idea to buy your postcards in bulk at the *Monoprix* or *Prisunic* (the equivalent of Woolworth) where they are cheaper.

Une lettre pour l'Angleterre coute 0.60F., une carte postale 0.40F. et 5 mots seulement 0.30F. (cela a été aboli que pour la France—ne vous laissez pas faire—et si vous écrivez des cartes postales en quantités industrielles il est important de faire des économies. C'est donc une bonne idée d'acheter vos cartes en pâquets au *Monoprix* ou au *Prisunic* (l'équivalent de Woolworth) ou elles sont meilleur marché.

French postal delivery is very fast. One way, however, of speeding even this up is to send your letter by *pneumatique*. (A service which exists in Paris and Marseilles only and guarantees delivery within 2 hours of posting.)

La distribution des lettres à Paris est très rapide. Un moyen d'aller plus vite encore est d'envoyer votre lettre par *pneumatique*. (Ce service n'existe qu'à Paris et Marseilles est l'acheminement est garanti dans un delai de 2 heures.)

*    *    *

The letters are sent by a network of compressed air tubes extending over 280 miles inside the Paris sewers, at great speed. The network links the various post offices and when a letter reaches the post office nearest to its destination it is 'surfaced' and delivered by a special messenger on a bike.

On envoie certaines lettres par un réseau de tubes à air comprimé qui s'étend sur 467 km dans les égouts de Paris. Le réseau établit une liaison entre les différents bureaux de postes. Quand la lettre arrive au bureau le plus proche de sa destination, elle est remontée à la surface et distribuée par un cycliste.

These letters have to be written on special (lightweight) forms. You buy them at the post office. They cost a little more than an ordinary letter, must be marked *pneumatique* and be posted in a special box (also marked *pneumatique*).

Il faut écrire ces lettres sur du papier spécial (très léger). Vous pouvez en acheter dans un bureau de poste. Elles doivent porter la mention *pneumatique* et être mises dans une boîte spéciale *pneumatique*. Elles coûtent un peu plus que les lettres ordinaires.

Now for the telephone!

Et maintenant le téléphone!

You have your friend's number? Take the receiver off the hook, insert the 'jeton', wait for a sound like 'Toooooh', dial the number and when you hear your friend's voice press the button and speak up. If there is no reply the 'jeton' will be automatically returned. If the line is free it sounds like 'Peeeep-peeeep', if it is engaged there is an intermittent buzz, sounding like 'Tu-tu-tu-tu'.

Avez-vous le numéro de votre ami? Décrochez l'écouteur, insérez le jeton, attendez la tonalité, faites le numéro sur le cadran et lorsque vous entendez la voix de votre ami appuyez sur le bouton et parlez. S'il n'y a pas de réponse le jeton vous sera rendu automatiquement. Si la ligne est libre vous entendrez un signal ('Piiiip-piiiip'), si elle est occupé il y aura un bourdonnement intermittent. ('Tu-tu-tu-tu.')

But anywhere in the world the line may be bad and it is useful to be able to spell out the words to make yourself understood. Here is the French system:

Mais n'importe où dans le monde on peut avoir du mal à se faire comprendre et il est utile de pouvoir épéler les mots. Voici le système français:

| | | | | | | | | |
|---|---|---|---|---|---|---|---|---|
| A | comme | Anatole | I | comme | Irma | Q | comme | Quintal |
| B | „ | Berthe | J | „ | Joseph | R | „ | Raoul |
| C | „ | Céléstin | K | „ | Kléber[1] | S | „ | Suzanne |
| D | „ | Désiré | L | „ | Louis | T | „ | Thérèse |
| E | „ | Eugène | M | „ | Marcel | U | „ | Ursule |
| F | „ | François | N | „ | Nicolas | V | „ | Victor |
| G | „ | Gaston | O | „ | Oscar | W | „ | William |
| H | „ | Henri | P | „ | Pierre | X | „ | Xavier |
| | | | | | | Z | „ | Zoé |

And if you have *not* got the number?

Et si vous n'avez *pas* le numéro?

Look it up in the *Telephone Directory*. France has the edge over us in this respect for apart from an *alphabetical* directory (2 volumes) and a *professional* section, there is also a *street* directory (2 volumes) accessible to the public, so that if you can only remember the address and not the name of the person you can still find the number.

Cherchez-le dans *l'Annuaire Téléphonique*. La France est mieux organisé que nous dans ce domaine car l'Annuaire est divisé non seulement par ordre *alphabétique* (2 volumes) et par *professions*, mais aussi par *rues* (2 volumes); si vous ne pouvez pas vous rappeler le nom mais seulement l'adresse d'une personne il vous sera toujours possible de trouver son numéro.

[1] A French general under Napoleon.
Un général français sous Napoléon.

There is another, more complete, Directory in France: the *Bottin*. (For short.) Its name commemorates *Sébastien Bottin* who published the first Statistical Directory in France at the time of the French Revolution. Today the firm has a partner—M. Didot—so that the full name of the Directory is *Didot-Bottin*.

Il y aussi un autre Annuaire, plus complet, en France: le *Bottin*. (Abbrevié.) Son nom commémore *Sébastien Bottin* qui publia le premier Annuaire Statistique en France à l'époque de la révolution française. Aujourd'hui la maison a un partenaire—M. Didot —et le nom complet de l'Annuaire est le *Didot-Bottin*.

As in London the telephone is automatic in Paris and the old exchanges are being replaced by the all-figure system.

Comme à Londres le téléphone est automatique à Paris et on remplaces les anciennes centrales par des chiffres.

If you got a wrong number and speak to someone you cannot ask the operator to put you through again free of charge (as in London). You will need another jeton to make another call.

Si vous avez eu un faux numéro et vous avez parlé à quelqu'un vous ne pouvez pas demander à la standardiste de vous redonner la communication gratuitement (comme c'est le cas à Londres). Il vous faudra un autre jeton pour obténir une deuxième communication.

If you want to ring up London dial *19* and wait for the musical signal. Then dial *44* and *only then* your number.

Si vous voulez appeler Londres composer d'abord le *19* sur le cadran et attendez la tonalité musicale. Ensuite composez le *44* et *seulement après* votre numéro.

If you want the other party to pay you must tell the operator. ('Reversed charges.') There is an extra charge for a personal call.

Si vous voulez que votre correspondent paie, dites-le à la standardiste. ('Paiement en PCV' ou 'Paiement contre virement'.) Il y a un supplément pour les appels personnels.

## THE P.T.T.

You will find on every dial:
- Information    12
- Complaints    13
- Telegrams    14
- Police    17
- Fire Brigade    18

Sur tous les cadrans vous trouverez:
- Renseignements    12
- Réclamations    13
- Télégraphe    14
- Police-Secours    17
- Pompiers    18

but remember you need a 'jeton' for every single call—even for the police or the fire-brigade!

mais souvenez-vous qu'il vous faudra un jeton pour chaque appel —même pour la police ou pour les pompiers!

But you don't need a pocketful of jetons to have a lot of fun with the Paris telephone. A snake bite? Ring the anti-poison service. Have you thrown inflammable stuff down the drain? Get help by phone. And if you want to know the exact time, the weather, the day's news or listen to Tourist Information dial

- ODE 84.00 — the 'speaking clock'
- SOL 97.30 — the weather report
- INF 1     — the day's news
- ELY 52.78 — Tourist Information.

Mais il ne vous faudra pas une poche remplie de jetons pour vous distraire avec l'aide du téléphone parisien. Une morsure de serpent? Appelez le service anti-toxique. Avez vous jeté à l'égout inflammable? Téléphonez et on vous aidera. Et si vous voulez savoir l'heure exacte, le temps qu'il fera, les nouvelles du jour ou entendre des Informations Touristiques, appelez

- ODE 84.00 — 'l'horloge parlante'
- SOL 97.30 — la 'météo'
- INF 1     — les nouvelles du jour
- ELY 52.78 — les Informations Touristiques.

The P.T.T. runs two services for stamp collectors:
(1) A year's subscription to a stamp catalogue
(2) A sales service which enables you to buy new issues of stamps by mail.

This service is run by two post offices in Paris:

Paris (Recette Principale)
52, rue du Louvre,
*Paris 1er.*

Paris no. 41
5, Ave. de Saxe,
*Paris 7e.*

Enclose an International Reply Coupon.

Les P.T.T. ont deux services spéciaux pour les philatélistes:
(1) L'abonnement à un catalogue philatélique annuel.
(2) Un service de vente qui vous permet d'acheter les nouveau timbres de poste. Le service est géré par deux bureaux de poste parisiens.

(Pour les adresses voir ci-dessus.)

Joignez un Coupon Réponse International.

For 'First-Day' issues:

Pour les timbres du 'Premier Jour':

Fédération des Societes Philatéliques,
44, rue Jouffroy,
*Paris 17e.*

Chambre Syndicale des Négociants en Timbres-Poste,
5, rue Drouot,
*Paris 9e.*

Chambre Syndicale Française de la Philatélie,
6, Bd. Montmartre,
*Paris 9e.*

## Chapter 18: THE S.N.C.F.

Every day French trains cover 74,560 miles. (Three times the circumference of the earth.) They carry 628 million passengers in a year. Those among them who are rail fans will be interested to hear that 72.5% of all French locomotives are now electric, 15% Diesel and that by 1971 all steam traction will have been eliminated.

Chaque jour les trains français parcourent 126,296 km. (Trois fois la circonférence de la terre.) Ils transportent 628 million de passagers par an. Ceux parmi eux qui sont des 'fanas du rail' apprendront avec intêret que 72.5% de toutes les locomotives françaises sont éléctriques, 15% Diesel et que toute la traction à vapeur aura été supprimé au 1971.

The average speed of French trains is over 75 m.p.h. But the crack train, the *Capitole* (Paris–Toulouse)—average 85.2 m.p.h.—has achieved a record speed of 124 m.p.h. between Orléans and Vierzon thus outstripping the *Mistral*, the former speed record holder (and still a pretty fast train on the Paris–Marseilles run).

La vitesse moyenne des trains français est de plus de 120 km/h. Mais le train drapeau *Le Capitole* (Paris–Toulouse)—vitesse moyenne de plus de 130 km/h—a atteint presque 200 km/h entre Orléans et Vierzon, devançant ainsi le *Mistral*, qui avait le record de vitesse (et qui est toujours un train très rapide entre Paris et Marseille).

The *Capitole* has thus become the fastest train in Europe.

Le *Capitole* est donc devenu le train le plus rapide en Europe.

French locomotives have achieved the world speed record. (Types CC 7107 and BB 9004 on the Bordeaux–Dax run; speed: 205.67 m.p.h.)

Les locomotives françaises (du type CC 7107 et BB 9004) ont conquis le record mondiale de vitesse sur le trajet Bordeaux–Dax; vitesse: 330 km/heure).

French Railways have introduced stream-lined 3,600 h.p. locomotives (CC 7,200) which allow an average speed of 87.5 m.p.h.

La S.N.C.F.[1] a introduit des locomotives aérodynamiques de 3,600 h.p. (des CC 7,200) qui permettent une vitesse moyenne de 140 km/h.

They can afford to increase speed because they have a great safety record as the statistics show; to a large extent this spends on the signalling system.

Elle peut se permettre d'augmenter la vitesse car elle possède un grand record de sécurité, les statistiques le prouvent; ceci dépend dans une large mésure du système de signaux.

Here are some of the signals you may see from your window:

Voici certains signaux que vous verrez de votre fenêtre:

In day-time: a red-and-white disc or a red arm means 'STOP'; a yellow disc 'CAUTION'; a yellow triangle: 'SPEED RESTRICTION'—placed upside down: 'SPEED RESTRICTION WARNING'.

Le jour: une cocarde rouge-et-blanc ou une aile rouge signifie: 'ARRÊT'; une cocarde jaune: 'AVERTISSEMENT'; un triangle jaune: 'RALENTISSEMENT DE VITESSE'—placé dans l'autre sens: 'AVERTISSEMENT DE RALENTIR'.

At night: a red light means 'STOP'; a yellow light: 'CAUTION'; two yellow lights placed horizontally: 'SPEED RESTRICTION' placed vertically: 'SPEED RESTRICTION WARNING'.

La nuit: les feux rouges signifient: 'ARRÊT'; les feux jaunes, placés' horizontalement: 'RALENTISSEMENT', verticalement: 'AVERTISSEMENT DE RALENTIR'.

Some signals are under centralised traffic control points (one man at the Gare du Nord, for instance, controls points and signals for 500 routes).

Certains signaux sont sous commandes centralisés (un seul homme, par exemple, contrôle 500 routes à la Gare du Nord).

[1] Société Nationale des Chemins de Fer Français.

## THE S.N.C.F. 153

You may be lucky and see this system in operation: *it is possible to visit Paris railway stations or engine depots.* Group visits can be organised if you write beforehand to the *Station Master* (at the station of your choice) or to the *Depot Manager.*

Vous aurez peut-être la chance de voir comment ce système marche: *il est possible de visiter les grandes gares parisiennes et les depôts de locomotives.* Des visites de groupes peuvent être organisées si vous écrivez auparavant à *M. le Chef de Gare* (a la gare de votre choix) ou à *M. le Chef de Dépôt.*

The S.N.C.F. have 800 h.p. double-decker panoramic railcars (on the Côte d'Azur run, in the Alps and in the Cevennes); some of the double-decker suburban trains you see at the *St. Lazare* station look slightly similar. They go to Versailles.

La S.N.C.F. possèdent des 'Michelines' à deux étages (800 h.p.) qui parcourent la Côte d'Azur, les Alpes et les Cévennes; les voitures à deux étages que vous verrez à la *Gare St. Lazare* leur ressemblent un peu; ils vont en banlieue et à Versailles.

\* \* \*

The French Railways have now got 20 new *self-service* Restaurant cars in operation: two of them are on the Paris-Basle and on the Paris-Strasbourg run. You make your choice just as at any other self-service Restaurant but here you place your order with the hostess before you collect your food on a tray and pay at the cash-desk. Food is electronically cooked. The hostess goes through the train at 10-minute intervals. You buy your tickets in batches of ten. (Like métro or bus tickets.)

La S.N.C.F. a mis en service 20 nouvelles voitures *self-service* dont deux sur la route Paris-Basle et Paris-Strasbourg. Vous choisissez votre menu comme dans n'importe quel autre 'self-service', mais ici vous le dites à l'hôtesse avant de vous servir sur un plateau et de payer à la caisse. La cuisine est faite éléctroniquement. L'hôtesse passe dans le train toutes les 10 minutes. Vous achetez les tickets en carnets de dix. (Comme pour le métro ou l'autobus.)

There are plans to equip the *Mistral* with a mini-hairdresser, an office-on-wheels (two separate compartments: one for the boss and one for the secretary) and to sell not only drinks, but newspapers and books on board the train as well.

Il y a un projet d'équipper le *Mistral* avec un coiffeur, salon de coiffure, un bureau (deux compartiments séparés: l'un des deux réservé au patron, l'autre à sa secretaire) et d'y vendre non seulement des boissons, mais aussi des journaux et des livres.

The Paris-Lille Express already has telephones on board; you can both send and receive telegrams on the train. (Inside France only.)

Le rapide Paris-Lille est déjà équippé avec des téléphones; on peut envoyer et recevoir des telegrammes à bord des trains. (Pour la France seulement.)

\* \* \*

But in case you get carried away by French trains (in the truest sense of the word—it once happened to me!) here's a word of warning: *no* whistle is blown before the trains leave. A white signal with a green stripe (called a *Guidon de Départ*) is held up and the train leaves— silently.

Mais si vous risquer de vous laisser emporter par les trains français (dans le vrai sens du mot—cela m'est arrivé!) voici un petit avertissement: les trains français partent *sans* siffler. On lève un signal blanc avec une raie verte que l'on appelle le *Guidon de Départ* et le train part—silencieusement.

Children travelling on their own may be put in charge of the guard. If they are between 4 and 10 years of age they pay half price: if under 4 they travel free.

Les enfants voyageant seuls peuvent être mis à la charge du Chef de Train. La S.N.C.F. accorde une réduction de 50% aux enfants entre 4 et 10 ans: en dessous de 4 ans ils voyagent gratuitement.

Among the many reductions on French Railways (50% on *Family* Tickets and *group* travel, 30% on individual *student* tickets) are *Weekend* tickets (20–30% reductions for destinations within a 60-mile radius of Paris) and *Sunday* excursion rate tickets. (30–40% reduction.)

## THE S.N.C.F.

Parmi les nombreuses réductions accordées par la S.N.C.F. (50% aux famille voyageant ensemble et aux *groupes scolaires*) il y a les Billets de *Weekend* (de 20 à 30% de réduction à certains déstinations dans un radius de 100 km autour de Paris) et les billets *Bon Dimanche*. (De 30 à 40% de réduction.)

## Chapter 19: TIPPING

One fine day I walked into a Paris Café, bought a jeton, made a phone call, dialling the number myself; as I left the cabin a plaintive voice said: 'And the tip, please ...'

Un beau jour j'entrai dans un Café parisien, j'achetai un jeton, téléphonai à des amis, composant le numéro moi-même; lorsque je quittai la cabine une voix plaignante me dit: 'Et le pourboire, s'il vous plaît ...'

That sort of experience exasperates tourists—unless they understand the background.

Ce genre d'aventures exaspère les touristes—à moins qu'ils comprennent les circonstances.

In some cases the wages of people are so small that they need tips to be able to live at all and in others they have no salary at all and make their living in tips.

Dans certains cas le salaire des employés est si bas qu'ils ont besoin du pourboire pour pouvoir subsister ou bien ils ne reçoivent pas de salaire du tout et comptent sur leurs pourboires pour vivre.

Waiters are in the first category, the above-mentioned lady in the second.

Les *garçons* de Café et de Restaurants sont dans la première catégorie, la dame ci-dessus mentionné était dans la seconde.

In France waiters sometimes receive a nominal salary but it is so small that they need the tips to make a living. Large Restaurants—like Hotels—usually include a service charge of about 15%: it is added on to your bill. Nevertheless, if there is any small change, it is customary to leave it for the waiter. If there is *no* service charge then your best plan is to add 12–15% on to your bill as tip. (The amount will depend on the class of Café or Restaurant you are in.)

En France les *garçons* de Café ou de Restaurant reçoivent parfois un salaire nominel mais il est si maigre qu'ils ont besoin du pourboire pour pouvoir subsister. Dans les grands Cafés ou dans les grands Restaurants le pourboire (environ 15%) est compris dans la note. Mais on a l'habitude de laisser la monnaie au garçon.

But there are people who receive no salary at all and are utterly dependent on the tips they earn. *Theatre* and *Cinema usherettes* belong to this class. How much should you tip them? F.0.50 (per person is about right. (Obviously there will be a difference between a Cinema on the Champs-Elysées and a small, suburban one.)

Mais il y a des gens en France qui ne reçoivent aucun salaire et qui dépendent entièrement de leur pourboire pour pouvoir subsister. Les *ouvreuses des Cinémas* et *de Théâtres* sont dans cette catégorie. Combien faut-il leur donner de pourboire? 0.50 F. par personne est convenable. (Evidemment il y aura une différence entre un Cinéma sur les Champs-Elysées et un petit Cinéma de banlieue.)

Ladies in charge of the Loo (and of the *telephone* in some Cafés) *expect* a tip—hence the complaint on her part. It is customary to deposit some small change in the waiting saucer.

Les dames qui s'occupent des lavabos (et des *téléphones* dans certains Cafés) *s'attendent* à un pourboire—voici la raison de sa réclamation. On a l'habitude de lui laisser quelques centimes dans sa soucoupe.

\* \* \*

In other cases tipping does not present much of a problem. You would tip Hotel staff, railway porters and taxi drivers in England as well. (But try to avoid making comparisons with England and rather take one Franc than one shilling as a base.)

Dans les autres cas, le pourboire ne soulève pas de grand problèmes. Vous donnerez bien un pourboire aux employés d'Hôtel, aux porteurs et aux chauffeurs de taxi en Angleterre aussi. (Mais évitez de faire des comparaisons avec l'Angleterre et prenez plutôt un Franc comme base qu'un shilling.)

\* \* \*

*Railway porters* have a fixed tariff: F.1 per case.

Les *porteurs* ont un tarif fixe: 1 F. par malle.

*Taxi drivers* expect a 12–15% tip on top of the fare.

Les *chauffeurs de taxi* s'attendent a un pourboire de 12–15% du prix de la course.

*Guides* taking parties around usually get F.0.50–F.1 per person.

On donne d'habitude de 0.50 F à 1 F. aux *guides* pilotant les groupes.

\* \* \*

But there is one other category of person (unknown in England) who will expect a tip—for taking a message, delivering a letter or opening the door late at night—and that is the *concierge* (renamed *gardienne d'immeuble*); she is the caretaker of a large apartment house and at least as powerful a personage as the king's concierge was in the days of yore.

Mais il y a encore une autre catégorie (inconnue en Angleterre) qui s'attendra à un pourboire—si elle prend un message, se charge d'une lettre ou vous ouvre la porte tard dans la nuit—et c'est la *concierge* (rebaptisé *gardienne d'immeuble*); c'est un personnage au moins aussi puissant que l'était jadis le concierge du roi.

*Chapter 20:* COPING WITH THE
PARIS LOO

Look up the word *Lavatory* in the Paris Telephone Directory and what do you find? A *hairdresser*! (Cross my heart!)

Cherchez le mot *Lavatory* dans l'Annuaire Téléphonique à Paris et qu'est-ce-que vous y trouver? Un *coiffeur*! (Je vous l'assure!)

I discovered—through intensive research—that an Englishman had installed a public lavatory at this address at the turn of the century. (This was the time when a Loo in Paris was known as a 'Chalet de Nécessité'.) He may have introduced the word 'Lavatory' and it seems to have become a trade mark, compelling anyone opening a shop at this address to carry the prefix 'Lavatory'—as in an ancient curse—for ever more.

Je découvrais—à l'aide de recherches intensives—qu'un anglais avait installé des toilettes publiques à cette adresse—à la fin du siècle. (A cette époque on appela les toilettes publiques à Paris des 'Chalets de Nécessité'.) Il se peut qu'il ait introduit le mot 'Lavatory' et il semble être devenu une marque déposée, obligeant celui qui établit un commerce à cette adresse de porter a perpetuité—comme dans les anciennes malédictions—le qualitatif 'Lavatory' devant son nom.

Was it George Jennings, the 'inventor and originator of all the best systems known', established in Paris at the time?

Etait-ce Georges Jennings, 'inventeur et originateur de tous les meilleurs systèmes connus', qui fut établit à Paris à l'époque?

Or was it Mrs. Boulton, solidly entrenched in Paris as well at the time? Mrs. Boulton who sold 'water closets of distinction' which had won her the 'Grand Prix' at the Universal Exhibition of 1889.

Ou était-ce Mme. Boulton, elle aussi solidement retranchée à Paris à l'époque? Mme Boulton qui vendait des 'waters de distinction' qui lui avaient valus le 'Grand Prix' à l'Exposition Universelle de 1889.

We shall never know.
Nous le saurons jamais.

\*   \*   \*

Public Loos on the Métro
Les toilettes publiques dans le métro:

Line 1:
Ligne 1: Palais-Royal
Saint-Paul
Hôtel de Ville
Concorde
Porte Maillot
2: Porte Dauphine
3: Gambetta
République
Saint-Lazare
Porte de Champerret
4: Gare du Nord
Gare de l'Est
Alésia
6: Edgar Quinet
7: Gobelins
Place d'Italie
Tolbiac
Maison-Blanche
Porte d'Italie
Pont-Neuf
8: Richelieu-Drouot
Montmartre
Strasbourg-St. Denis

Ecole Militaire
Invalides
Bastille
Ledru-Rollin
Daumesnil
Porte-Dorée
9: Trocadéro
Alma-Marceau
Havre-Caumartin
Place Voltaire
Charonne
10: Porte d'Auteuil
Charles-Michels
Odéon
Maubert-Mutualité
Cluny[1]
Orléans-Austerlitz
Jussieu
11: Châtelet-Victoria
12: Trinité
13: Porte de Versailles
14: Gare Montparnasse-Bienvenue

\*   \*   \*

**Railway stations and airports:**
The Loos are clearly indicated; if in any trouble ask the *hostesses*.

[1] Station closed.
Gare fermée.

Dans les *gares* et dans les *aéroports :*
Les toilettes sont clairement indiquées; si vous vous trouvez en difficultés consultez les *hôtesses.*

At *St. Lazare* they are in the main hall. Coming from the train, they are right at the end, on your right, between the 'Crédit Lyonnais' and a newsagent (Price: F.o.15). Others are on your left (near Departures —'Grandes Lignes'), next to a tobacconist's and souvenirs shop (Price F.o.15–F.o.20).

A la *Gare St. Lazare* elles se trouvent dans la *salle d'accès aux quais*. En se dirigeant du train, elles sont à l'extrémité droite, entre le 'Crédit Lyonnais' et le marchand de journaux. (Prix: o.15 F.) D'autres se trouvent à gauche (vers les 'Départs'— 'Grandes Lignes'), à côté du kiosque 'Tabac'—'Articles de Paris' (Prix: o.15 et o.20 F.).

There is another Loo at the exit of the station (Place Gabriel Péri), near the métro, open up to 7 p.m. (Price: F.o.17).

Il y a d'autres Lavabos à l'extérieur de la gare, à la sortie (Place Gabriel Péri), à l'entrée du métro, ouverts jusqu' à 19 h.

Sometimes they are in the newly-built subways of railway stations (such as at the *Gare Montparnasse*—strictly separated—or at the *Gare du Nord*, clearly signposted).

Parfois elles se trouvent dans les souterrains neufs des gares (à la *Gare Montparnasse*, par exemple—strictement séparées—ou à la *Gare du Nord*, ou elles sont clairement indiquées).

The charge is F.o.15–F.o.27.
Le prix est de o.15 F.–0.27 F.

Other public loos are in *parks :*
Il y a des toilettes publiques dans les *parcs :*

Here are some:
En voici quelques: unes:

*Champs-Elysées gardens :* in an elegant little building
Le *jardin des Champs-Elysées :* dans un petit édifice élégant

*Tuileries gardens:* near rue du 29 juillet exit
  Les *jardins des Tuileries:* près de la sortie de la rue du 29 juillet

*Monceau park:* Greek temple near the Monceau entrance
  Le *parc Monceau:* un temple grec près de l'entrée Monceau

*Luxembourg gardens:* near rue Guynemer entrance
  Le *jardin du Luxembourg:* près de l'entree rue Guynemer

*Jardin des Plantes:* at the entrance to the zoo, allée Brongniart
  à l'entrée du zoo, allée Brongniart

Near the *Aquarium* of the *Trocadéro* (gardens of the *Palais de Chaillot*).
  Près de l'*Aquarium* du *Trocadéro* (aux jardins du *Palais de Chaillot*).

*Eiffel Tower:* on *every floor* (but down a few steps—as if descending to the lower deck of a ship).
  La *Tour Eiffel:* à chaque étage (mais déscendre quelques marches comme si vous déscendiez au pont inférieur d'un navire).

\*     \*     \*

**Museums**
Here are a few Loos you won't need a compass to find.
  **Les Musées**
Voici quelques toilettes—vous n'aurez pas bésoin d'une boussole pour les trouver.

*Main* Loo at the *Louvre:* Porte de la Tremoille entrance.
  Au *Louvre:* Toilettes *principales* côté Porte de la Tremoille.

*Musée Carnavalet:* downstairs in the basement.
  Au *Musée Carnavalet:* au sous-sol.

*Musée de l'Homme* and *Musée de l'Art Moderne:* on the 1st floor.
  Au *Musée de l'Homme* et au *Musée de l'Art Moderne:* au 1er étage.

*Musée Grévin:* upstairs (1st floor).
Au *Musée Grévin:* au 1er étage.

In any other Museum, not mentioned here, ask the attendant: he will be pleased to help.
Dans les autres Musées, non cités ici, adresser vous au gardien: il se fera un plaisir de vous aider.

## Miscellaneous Loos
Every large store has several good Loos.
### Toilettes diverses
Tous les grands magasins possèdent plusieurs toilettes recommendables.

At the *Samaritaine*, for instance, they are on the 4th floor, at the *Galéries Lafayette* on all floors.

A la *Samaritaine*, par exemple, elles se trouvent au 4ème étage, aux *Galéries Lafayette* à toutes les étages.

The 'Printemps' has two buildings. The Loos are separate. In the 'Havre' building the 'Gents' are on the 2nd floor, the 'Ladies' on the 3rd floor; in the 'Haussmann' building the 'Ladies' are on the 3rd floor and the 'Gents' on the 5th and 6th floors.

Le magasin 'Printemps' consiste de deux immeubles. Les toilettes sont séparées. Au magasin 'Havre' les 'Messieurs' se trouvent au 2ème étage, les 'Dames' au 3ème étage; au magasin 'Haussmann' les 'Dames' se trouvent au 3ème étage et les 'Messieurs' au 5ème et 6ème étages.

\*     \*     \*

## Guaranteed separated Loos
At the *Orly* and *Le Bourget* airports.
### Toilettes garanties séparées
Aux aeroports *d'Orly* et *du Bourget*.

At the air terminal of the *Invalides*.
A l'aérogare des *Invalides*.

At the *American Express:* in the basement.
A *l'American Express:* au sous-sol.

Loos presumed to be separate:
At *Thos. Cook & Son.*
At the *English Tea room* (over Smith's bookshop).

Les Toilettes présumées séparées
A *Thos. Cook & Son.*
Au *Salon de Thé anglais* (au-dessus de la librairie Smith).

But what if you're nowhere near any of these places? What should you do if you want to spend a penny in a hurry, say at the Gingerbread Fair?

Mais si vous vous ne trouvez pas près d'un de ces endroits? Qu'est-ce-qu'il faut faire si vous avez besoin des toilettes à la Foire aux Pains d'Epices, par exemple?

Paris is the city of Cafés—in fact the Café is to Paris what the pub is to London. There is no shortage of either. So if you are at the Gingerbread Fair, held along the Avenue du Trône, find the nearest Café—the chances are that the entrances will be neatly separated into 'Ladies' and 'Gents'. And don't forget to leave the lady in charge a tip!

Paris est la ville des Cafés—en fait le Café représente la même chose à Paris que le 'pub' à Londres. Ni l'un l'autre ne fait défaut. Si vous vous trouvez donc à la Foire aux Pains d'Epices, qui se tient le long de l'Avenue du Trône, cherchez le Café le plus proche—vraisemblement vous y trouverez l'entrée strictement séparée en 'Hommes' et 'Dames'. Et n'oubliez pas la dame qui s'en occupe en lui laissant un petit pourboire.

Those public monuments on the Paris Boulevards—popularly known as 'Véspasiennes' (named after the Roman Emperor Vespasian who was the first to tax these establishments) are on their way out.

Ces monuments publics qui enjolivent les Boulevards de Paris— généralement connus sous le nom de 'Véspasiennes' (d'après l'Empereur romain, Véspasien, qui fut le premier à avoir établi des impôts sur ces établissements) sont en train de disparaître.

And if you're still in a fix after all this—stranded, say, in the Bois—ask the nearest policeman. Or if he's not around—make for the nearest bush!

Et si vous vous trouvez encore en difficultés, après toutes ces explications—perdu, disons, au milieu du Bois, adressez vous à l'Agent le plus proche et dites lui: 'Pardon Monsieur l'Agent, pouvez vous m'indiquer les toilettes/le lavabo/le 'water'—les (le) plus proche?'[1] Et si vous n'en trouvez un—cherchez un buisson en proximité!

[1] 'Excuse me, Sir, can you tell me where to find the toilets/the 'Ladies' ('Gents')/the W.C.?'

*Chapter 21:* ON YOUR OWN IN PARIS

Coming from England there are six places in Paris you can arrive at:

Venant d'Angleterre il y a six endroits à Paris où vous pouvez arriver:

By *air:* Orly (if you come by AIR FRANCE), *Le Bourget* (by B.E.A.).
By *train:* St. Lazare or the *Gare du Nord.*
By *train* and *plane:* Gare du Nord. (By SILVER ARROW.)
By *coach* and *plane:* Place de la République. (By SKYWAYS.)

Par *avion:* à *Orly* (si vous prenez AIR FRANCE), *Le Bourget* par la B.E.A.).
Par le *train:* à *St. Lazare* ou à la *Gare du Nord.*
Par *train* et *avion:* à la *Gare du Nord.* (Par la FLECHE D'ARGENT.)
Par *car* et *avion:* à la *Place de la République.* (Par SKYWAYS.)

*English-speaking* hostesses and *English-speaking* staff at *Information desks* at airports and railway stations are there to meet you; the coach from *Orly* stops—on request—at the *Porte d'Orléans* and at *Montparnasse station*, the one from *Le Bourget* at *Place Péreire*—otherwise they go straight on to the air terminal of *Les Invalides*; there is an excellent *métro* and *inter-station bus* service, as well as a shuttle service between both airports.

Des hotesses *parlant anglais* et des employés *parlant anglais* vous attendent aux *Bureaux de Renseignements* aux aéroports et dans les gares; le car *d'Orly* s'arrête—sur demande—à la *Porte d'Orléans* et à la *gare Montparnasse* celui du *Bourget* à la *Place Péreire*— autrement ils continuent directement à l'aérogare des *Invalides*; il y a un excellent service de *métro* et un service *d'autobus* qui relie les gares, ainsi qu'un car qui fait navette entre les deux aéroports.

If you prefer to go by *bus* and *métro* take no. *215* and the métro from *Denfert-Rochereau* or no. *285* and then the métro from *Place d'Italie*, coming from *Orly*: bus no. *152* and the métro from *Porte de la Villette* from *Le Bourget*.

Si vous préférez *l'autobus* et le *métro*, prenez le *215* et le métro de *Denfert-Rochereau* ou le *285* et ensuite le métro de *Place d'Italie* venant du *Bourget* il vous faudra le *152* et le métro de *Porte de la Villette*.

*   *   *

Should you be staying with friends and have a heavy trunk remember you can send it on to your friends' address by a special service. Ring 552.92.00.

Si vous êtes invité par des amis et avez une lourde malle à transporter, souvenez-vous qu'il y a un service *Bagage à domicile*. Il suffit d'appeler 552.92.00.

Remember to look at the *number* on your porter's cap.

Souvenez-vous de regarder le *numéro* sur la casquette du porteur.

There are *taxi ranks* outside all airports and railway stations. Queue up where it says 'starting point'.

Il y a des *stationnements de taxis* devant tous les aéroports et devant toutes les gares. Rangez-vous en file en *tête de station*.

In Paris taxi ranks may be at the kerb or in the centre of a Boulevard. If you want to hail a passing cab—remember that an *upright* flag means it is free; if the flag has been turned *down* it is engaged.

A Paris les stationnements de taxi peuvent être le long du trottoir ou au centre d'un Boulevard. Si vous héler un taxi dans la rue, rappelez-vous qu'il est libre si le drapeau est *vertical*, si le drapeau est *rabattu* il est occupé.

Remember also that lunch and dinner time is sacrosanct. If the taxi driver puts a black cap over his flag it means he is going home, or has run out of petrol or is for some other reason disinclined to pick up a fare. Sometimes there is a destination marked on the flag: this means that he will not take you any further. (No more petrol left, or he is going home.)

Souvenez vous aussi que l'heure du déjeuner et du diner est est sacrée. Le chauffeur de taxi met alors un manchon noir sur le drapeau: ceci veut dire qu'il s'en va à la maison, ou n'a plus d'essence ou pour une raison quelconque ne veut plus de passager.

Parfois il y a une destination marquée sur le drapeau : ceci signifie que le chauffeur ne vous amenera pas plus loin. (Il ne dispose que d'une certaine quantité d'essence, par exemple, ou bien il retourne chez lui.)

Remember also that a passing taxi will not stop if within 20 yards of a taxi rank.

Souvenez-vous aussi qu'un taxi ne s'arrêtra pas dans la rue à moins de 20 m d'un stationnement de taxi.

There is an extra charge after 11 p.m. (or for the Bois, for example); the charge for luggage is F.0.20 per item.

Il y a un supplément après 23 h (ou pour le Bois, par exemple); le tarif pour le bagage est de 0.20 F. par malle.

To get a *radio-taxi* ring: 707.89.89—253.94.00—707.67.89—205.77.77—JUS 67.89—PEL 22.22—ALE 62.40.

Appelez ces numéros pour les *radio-taxis*.

You will need your *passport* to change money or to change travellers cheques.

Vous aurez besoin de votre *passeport* pour changer l'argent ou de *chèques de voyage*.

Paris *banks* are open from 9 a.m.–12 p.m. (12.30 p.m.) and from 2–4 p.m. (4.30 p.m.); most large banks are open on Saturdays from 9–11 a.m.

Les banques parisiennes sont pour la plus part ouvertes de 9 h à midi (12.30 h) et de 14 à 16 h (16.30 h); les banques les plus importantes sont ouvertes le samedi de 9–11 h.

*Thos. Cook & Sons* and the *American Express Co.* are open from 9 a.m.–5.30 p.m. (no lunch-hour).

*Thos. Cook & Sons* et l'*American Express Co.* sont ouverts de 9 à 17.30 h (sans interruption).

The *Exchange offices* at the *Invalides Air Terminal* are open from 6 a.m. to midnight; at *Orly* they are open permanently; at *Le Bourget* from 6 a.m.–10 p.m. At *railway stations* approximately the same hours. (They are also open on Sundays and holidays.)

> Les *bureaux de change* de l'Aérogare des *Invalides* sont ouverts de 6 h à minuit; à *Orly* en permanence, au *Bourget* de 6 à 22 h; aux *gares principales* approximativement aux mêmes heures.

*Exchange offices* on the Boulevards or elsewhere are open longer than Banks: from 9 a.m.–4.30 p.m. and on *Saturdays* from 9 a.m.–1 p.m.

> Les *bureaux de change* sur les Boulevards et ailleurs restent ouverts plus longtemps que les Banques: de 9 à 16 h.30 et le *samedi* de 9 à 13 h.

\* \* \*

If you have left something behind on the train ask at the *Lost Property Office* at the *station*.

> Si vous avez perdu quelque chose dans le train demandez au *Bureau des Objets Trouvés* à la *gare*.

If you know for a fact you have lost something on the *métro* either tell one of the staff or ring the R.A.T.P.: DAN 98.50. (This goes for things left behind in *buses* as well.)

> Si vous êtes sûr d'avoir perdu quelque chose dans le *métro* ou signalez-le à un des employés ou appelez la R.A.T.P. à DAN 98.50. (Ceci est aussi valable pour les choses oubliées dans *l'autobus*.)

If you have lost something in the *street* report it to your nearest *Commissariat de Quartier*.

> Si vous avez perdu quelque chose dans la *rue* signalez-le au *Commissariat de Quartier* le plus proche.

The same applies if you have lost something in a *taxi*.

> De même si vous avez perdu quelque chose dans un *taxi*.

The main Paris *Lost Property Office* is at 32, rue des Morillons, 15e. This is a central clearing station where lost property will turn up—if it turns up at all—sooner or later. (Usually later!)

> Le *Bureau des Objets Trouvés* principal se trouve au 32, rue des Morillons, 15e. C'est un point central où on retrouve les objets

perdus—si on les retrouve—dans un delai plus ou moins bref. (Moins bref, d'habitude!)

This office is run jointly by the *R.A.T.P.* and the *Police Prefecture*. NO information is given by phone.

Le bureau est administré par la *R.A.T.P.* et la *Préfecture de Police*. On ne donne *aucun* renseignement par téléphone.

It is open from 8.30 a.m.–5 p.m. (Mondays to Fridays). You will be required to fill in a form giving
1. Exact description of the lost object
2. Day of its loss
3. Hour of its loss
4. Date of loss
5. Place of loss.

Le bureau est ouvert de 8.30 à 17h.30. (Lundi à vendredi). Il vous faudra remplir une fiche qui indiquera
1. La description très exacte de l'objet perdu
2. Le jour de la perte
3. L'heure de la perte
4. La date de la perte
5. L'endroit de la perte.

You can send a friend (and he'll have to be a good friend too—it's quite a trudge from métro *Convention* to the *Lost Property Office*!) but you must give him a letter of authorisation to collect the object.

Vous pouvez envoyer un ami (et il faudra que ce soit un bon ami, en plus—le chemin du métro *Convention* au *Bureau des Objets Trouvés* est assez long!) mais il faudra lui donner une lettre d'autorisation pour qu'il puisse obtenir l'objet perdu.

You'd also better give him some money. There is a small percentage of the value of lost objects to pay. (4%.)

Vous serez aussi bien avisé en lui donnant un peu d'argent. Il faut payer un petit pourcentage sur la valeur de l'objet perdu. (4%.)

And finally, the *Lost Property Office* requests you to to put your *name and address* inside your suitcase, camera etc.

Et finalement, le *Bureau des Objets Trouvé* vous demande de bien vouloir vous rappeler de mettre votre *nom et adresse* a l'interieur de votre valise ou de votre appareil photographique etc.

What happens if you have lost your passport?

Quoi faire si vous avez perdu votre passeport?

Don't panic! Do the following:
1. Report it to the police. Get from them a receipt for the declaration of loss.
2. Report it to the British Consulate.
3. In the case of a minor the father's consent is required to obtain a new passport but the Consulate can always give you a temporary paper to get back to England (on proof of loss and of identity). It is rather more complicated if you want to go on to another country.

Ne vous affolez pas! Faites la chose suivant:
1. Déclarez-le à la police et demandez leur un 'récépissé de déclaration de perte'.
2. Déclarez-le au Consulat Britannique.
3. Il faut l'autorisation du père pour établir le passeport d'un mineur, mais le Consulat pourra toujours vous fournir un papier temporaire, vous permettant de retourner en Angleterre (en fournissant la preuve de la perte et de l'identité). C'est un peu plus compliqué si vous voulez partir dans un autre pays.

The British Consulate is open from 9.30 a.m.–12 p.m. and from 2 p.m.–5 p.m.

Le Consulat britannique est ouvert de 9h.30 à midi et de 14 à 17h.

It might be a good idea—before leaving—to jot down the number of your passport.

Ce ne serait pas mal—avant de partir—de noter le numéro de votre passeport.

## Other Emergencies
If you want a *dentist* on a Sunday or a *doctor* at night get in touch with the nearest *Commissariat de Police*. They will also tell you which *chemists* are open late. (Some are open until 9, 10, 11 p.m., others until midnight, 1 and 2 a.m.)

**Autres circonstances critiques**

S'il vous faut un *dentiste* le dimanche ou un *docteur* le dimanche contactez le *Commissariat de Police* le plus proche. On vous y dira aussi les *pharmacies* qui restent ouvertes tard. (Il y en a qui restent ouvertes jusqu'à 21, 22, 23 h, certaines jusqu'à minuit, 1 h ou 2 h le matin.)

Some chemists stock English medicaments but if you need a prescription made up it will have to be re-written by a French doctor.

Certaines pharmacies ont des médicaments anglais mais s'il faut qu'on les prépare il vous faudra l'ordonnance d'un medecin français.

If you have torn your best suit or dress—don't panic—every cleaners has a repair service.

Si vous avez déchiré votre costume de dimanche ou votre plus belle robe—ne vous affolez pas—n'importe quelle teinturerie aura un service de stoppage.

Broken glasses can be repaired within 24 hours. Ask the hostesses at the *Welcome Office*, 7, rue Balzac, 8e.

Les lunettes cassées peuvent être réparées dans un delai de 24 heures. Renseignez-vous auprès les hôtesses du *Bureau d'Accueil*, 7, rue Balzac, 8e.

And if you're down to your last sock—*pawn shops* are open daily (9 a.m.–4 p.m.) and even on Saturdays (9–11.30 a.m).

Et si vous n'avez plus un sou—le *Mont de Piété* (ou 'Ma Tante') est ouvert tous les jours (de 9 à 16 h) et même le samedi (de 9 à 11h.30).

*Chapter 22:* EATING OUT

The *Café de la Régence* (rue St. Honoré) from where the famous French artist Jacques Louis David made a sketch of Marie-Antoinette on her way to the scaffold has now become a *Wimpy*.

Le *Café de la Régence* (rue St. Honoré) où jadis le célèbre peintre français Jacques Louis David dessina Marie-Antoinette sur son chemin vers l'échafaud est aujourd'hui un *Wimpy*.

This is only one of the many (there are 11 more in Paris). *Self-Service* Restaurants are springing up like mushrooms everywhere. The least expensive are the *Auberges Express* (or *Libre Service*) then come the *Wimpys*, then the medium-priced *Snacks* and the (rather expensive) *Tables du Chef* and the *Grillades*.

C'est seulement un des nombreux Wimpy (il y en a encore 11 à Paris). Les *Self-Services* croissent partout comme des champignons. Les *Auberges Express*[1] sont les meilleur marché, les *Wimpys* viennent ensuite; les *Snacks* sont à mi-chemin quant aux prix et les *Tables du Chef* (assez chers)—de même les *Grillades*.

Here is a list of *Self-Service Restaurants*. (No cover charge, no tipping.)

Voici une liste des *Self-Service*. (Pas de couvert, pas de pourboire.)

**1er Arrondissement**
 *La Régence :* 161, rue Saint Honore. *Métro : Palais-Royal.*
 *Libre Service des Magasins du Louvre :* Place du Palais-Royal.
  *Métro : Palais-Royal* ou *Louvre.*

**2ème Arrondissement**
 *Le Nègre :* 17, Bd. St. Denis. *Métro : Strasbourg-St. Denis.*
 *Le Rallye :* 35, Bd. des Capucines. *Métro : Opéra.*
 *Self-Service Berlitz :* 24, Passage des Princes. *Métro : Montmartre.*
 *Self-Service Opéra :* 23, Bd. des Capucines. *Métro : Opéra.*

**5ème Arrondissement**
*Libre Service Biard:* 63, Bd. St. Michel. *Métro:* St. Michel.
*Libre Service Latin Cluny:* 98, Bd. St. Germain. *Métro:* St. Michel.
*Libre Service La Source:* 35, Bd. St. Michel. *Métro:* St. Michel.

**6ème Arrondissement**
*Libre Service Montparnasse:* 47, Bd. Montparnasse. *Métro:* Montparnasse.
*Libre Service:* Place Edmond Rostand. *Métro:* Odeon.

**8ème Arrondissement**
*L'Auberge Express:* 124, r. La Boetie. *Métro:* George V.
*Cafeteria Marbeuf:* 5, r. Marbeuf. *Métro:* George V.
*Les Essais:* 40, Ave. Montaigne. *Métro:* F. D. Roosevelt.
*Le Grand Vatel:* 275, r. St. Honoré. *Métro:* Concorde.
*Restaurant Luce:* 45, r. de Léningrad. *Métro:* Place Clichy.
*Sorespa:* 65, Ave. des Champs-Elysées. *Métro:* F. D. Roosevelt.

**9ème Arrondissement**
*La Bolée Saint George* (à midi seulement):[1] 37, r. St. George. *Métro:* Saint Georges ou N. D. Lorette.
*Libre Service des Galéries Lafayette:* 40, Bd. Haussmann. *Métro:* Opéra.
*Libre Service Espresso:* 6, Bd. Montmartre. *Métro:* Montmartre.
*Libre Service Haussmann:* 12, Bd. Haussmann. *Métro:* Richelieu-Drouot.
*Resto Saint Lazare:* 101, Bd. Haussmann. *Métro:* St. Lazare.
*Super Self Service:* 16, Faubourg Montmartre. *Métro:* Montmartre.
*Libre Service Caumartin:* 33, r. Caumartin. *Métro:* Havre-Caumartin.
*La Bielle:* 73, r. de Provence. *Métro:* Havre-Caumartin.

**10ème Arrondissement**
*Bar Consigne de l'Arrivée:* 12, Bd. Denaid. *Métro:* Gare du Nord.
*Libre Service:* 25, r. de Dunkerque. *Métro:* Gare du Nord.
*Libre Service Enghien:* 19, r. d'Enghien. *Métro:* Bonne Nouvelle.
*Libre Service Bonne Nouvelle:* 26, Bd. Bonne Nouvelle. *Métro:* Bonne Nouvelle.

**14ème Arrondissement**
*Libre Service:* 77, rue du Père Corentin. *Métro:* Porte d'Orleans.

---
[1] Lunch only.
Déjeuner seulement.

# EATING OUT

**16ème Arrondissement**
  *Chicken Self*: 67, rue Pierre Charron. *Métro : George V* ou *F. D. Roosevelt*.

**17ème Arrondissement**
  *Le Monte Carlo* : 9, Ave. de Wagram. *Métro : Etoile*.

You can't go wrong if you try a small Paris *bistro*. Every Paris Restaurant displays its menu prominently in the window: it states clearly whether the cover charge, the price of ½ bottle of wine and of bread (often unlimited) is included in the price of a set meal.

Vous ne pouvez pas vous tromper si vous essayez un petit *bistro* parisien. Chaque Restaurant à Paris affiche le menu en vedette: on y précise si le couvert est compris ou non et si la carafe de vin et le pain (souvent à volonté) sont inclus dans le prix.

A French meal will often begin with *Hors d'Oeuvres* instead of *soup*. There are many different kinds: *Pâté de Campagne*, for example, is a pastry filled with sausage meat and baked in a square loaf: a variant is *Pâté Maison* or *Pâté du Chef*. *Terrine de Foie Gras* consists of goose liver which must be soft enough to be stuffed into a small earthenware pot (terrine)—hence the name. *Rillette* is made of pork sausage.

Un repas français commencera souvent par les *Hors d'Oeuvres* au lieu du *potage*. Il y en a beaucoup de sortes différentes: *Pâté de Campagne*, par exemple, est un pâté en croûte (en forme carré): *Pâté Maison* ou *Paté du Chef* en est une variante. *Terrine de Foie Gras* consiste de foie gras qui doit être assez mou de se faire bourrer en des petits pots en terre cuits—des terrines—ce qui explique son nom. *Rillette* est fait des saucisses de porc.

*Oysters* are not such a luxury in Paris as they are in London.
  Les *huitres* ne sont pas un tel luxe à Paris qu'à Londres.

*Frog's legs* and *snails* are eaten with a special kind of two-pronged fork—but it is a mistake to think that every Frenchman likes them!

On mange les *cuisses de grenouilles* et les *escargots* avec une petite fourchette spéciale à deux dents—mais vous faites erreur si vous pensez que tous les Français les apprécient forcément!

*Steak* is often served *underdone*. If you prefer it well cooked, say so.

On sert souvent le *bifteck saignant* (ou *bleu*). Si vous le préférez *à point*, dites-le.

*Vegetables* and *salad* are served separately.

On servira les *légumes* et la *salade* separement.

*Puddings* are OUT but French cakes and ice are delicious, believe me! Think of *Coupe Jaques*, for instance—a mixture of fruit salad and vanilla ice, topped with a dollop of whipped cream!

Il n'y aura pas du *pudding*, mais les gâteaux et les glaces français sont délicieux, croyez-le moi! Il suffit de penser à la *Coupe Jacques*, par exemple—un mélange de macédoine de fruit et de la glace vanille couronné par une portion généreuse de crême fouettée!

The *cheese*[1] will be served before the sweet.

On servira le *fromage*[1] avant le dessert.

Paris Restaurants are fun because the French love to talk and exchange opinions, so whether there are separate tables or not (and sometimes they have been pushed together to form one long table d'hôte) conversations will spring up between neighbours, whether they know each other or not.

Les Restaurants à Paris sont amusants parce-qu'on aime parler en France et échanger des opinions, une conversation naîtra donc entre voisins, si ou se connait ou non et sans se soucier si les tables sont séparées ou non (et parfois on les allonge pour en faire une longue table d'hôte).

Full Restaurants are usually a sign that they are good: paper table-cloths that they are cheap. But over-simple Left Bank rustic décor and candle-light may be misleading: it can mean that prices are sky-high.

Les Restaurants plein de monde prouvent généralement qu'ils sont bons: des nappes de papier qu'ils sont bon marchés. Mais méfiez vous du décor trop simple sur la rive gauche: des bancs

---

[1] There are 350 different kinds in France.
Il y en a 350 sortes différentes en France.

rustiques et des chandelles peuvent tromper : cela peut être le coup de fusil!

If your resources are getting low you will find on the *Bd. St. Michel* stands selling *Hot Dogs* and *Meatwiches* and barbecued chicken (to take away). Many food shops sell cooked dishes (to take away) and among the cheapest places are the French equivalent of 'Fish-and-chip' shops where the owner writes the daily menu on the window: 'Steak' (to be taken away)—'Sausages' or 'Chips' alone. You can also eat them at the counter.

Vous pouvez acheter des *'Chiens chauds'* at des *Meatwiches* (des sandwiches avec de la viande) ou et du poulet à emporter sur le Bd. St. Michel. De nombreuses charcuteries vendent des plats cuisinés (à emporter) et parmi les endroits les moins chers sont les bistros où le patron ecrit le menu quotidien sur les vitres: 'Steak' (à emporter)—'Andouilles' ou 'Frites' tout seul. Vous pouvez aussi les manger 'sur le zinc'.

A sandwich in itself is quite a meal—but a good portion of chips is far cheaper. (*One* Franc at the time of writing!)

Un sandwich est presqu'un repas en lui même—mais une bonne portion de frites est encore meilleur marché. (*Un* Franc à l'heure actuelle!)

A wonderful (and filling) invention are the *Crêperies Bretonnes*. They abound on Left Bank street corners (especially in the Latin Quarter); they sell *pancakes* and *waffles*, filled with anything from cheese to jam. Cheapest are the *unfilled* variety: at the other end of the scale are the ones prepared with Grand Marnier.

Une invention merveilleuse (et satisfaisante) est la *Crêperie Bretonne*. Vous en trouverez en abondance sur la rive gauche, aux coins des rues (et spécialement au Quartier Latin); on y vend des *crêpes* et des *gaufres* fourrées avec toute sorte de bonne chose, allant du fromage jusqu'à la confiture. Les meilleur marché sont celles qui sont *simples*; à l'autre bout de l'échelle sont celles faites au Grand Marnier.

One of the best shops of this kind is at *11, rue Grégoire de Tours, 6e*. It is run by two sisters, Mesdames Duléry-Marec, from Pont-Aven in Brittany. They have 40 years' experience in the trade and have been established a long time in these premises. You can watch them as they deftly make the appetising pancakes. The cheapest one (unfilled) cost *one* Franc. The most expensive one—made with at least half a dozen eggs and filled with cheese costs F.4.00. In between there are those coated with sugar or filled with jam. (Open daily from 11 a.m.– 3 p.m. and from 5–9 p.m.)

Une des meilleures boutiques dans ce genre est au *11, rue Grégoire de Tours, 6e.* Les propriétaires sont deux soeurs, Mmes. Duléry-Marec de Pont-Aven en Bretagne. Elles ont 40 ans de métier et sont établies ici depuis longtemps. Vous pouvez voir comment elles font adroitement d'appétisantes crêpes. La meilleur marché (simple) coûte qu'*un* Franc. La plus chère—faite avec au moins une demi-douzaine d'oeufs et fourrée au fromage—coûte 4 F. Entres les deux il y a celles au sucre ou à la confiture. (Le magasin est ouvert tous les jours de 11 à 15h et de 17 à 21h.)

\*   \*   \*

It is perfectly safe to drink tap water in Paris. The trouble is the water sometimes has a faint trace of chemical admixtures, such as chloride. For this reason French people prefer to drink *mineral water: Eau de Vichy, Eau de Vittel* or *Eau Perrier* (the fizziest).

Il n'y a aucun danger de boire de l'eau à Paris. L'ennui c'est que l'eau a parfois un faible goût d'une substance chimique, telle que le chlorure. Pour cette raison les Français préfèrent boire de *l'eau minéral: l'eau de Vichy, l'eau de Vittel* ou *l'eau Perrier* (la plus pétillante).

*Vin ordinaire* (red wine) is quite inexpensive but you would make a Parisian laugh if you asked him for *Vin du Pays*, for this is what the French call a 'small wine', locally produced and consumed; it does not 'travel well', as the French say, thus never reaches Paris and is never exported.

Le *vin ordinaire* (du vin rouge) est bon marché, mais vous feriez rire un parisien si vous lui demandiez un 'vin du pays', car c'est que les Français appellent un 'petit vin': il est produit et consommé sur place, donc n'arrive jamais à Paris et ne s'exporte pas.

*Chapter 23:* THE FRENCH WAY OF LIFE

The setting of this story is really Spain, not France, but it will serve as an illustration. One day (at that time I was not very fluent in Spanish) I ordered butter for my breakfast. 'Por favor, burro' I said. And they nearly brought it too—at the end of a rope! I had ordered a donkey for breakfast. (The right word would have been 'manteca'.)

Le cadre de cette histoire est vraiment l'Espagne et non pas la France, mais ceci servira d'illustration. Un jour (je né m'exprimais pas avec grande facilité alors en espagnol) je commandais du beurre pour mon petit déjeuner. 'Por favor, burro,' disais-je. Et on me l'a presque apporté—au bout d'une corde! J'avais commandé un âne pour le petit déjeuner. (Le mot juste aurait dû être était 'manteca'.)

Something similar may happen to you if you order marmalade for breakfast in France. You do not risk being served a donkey but you might get stewed apples instead or raspberry jam. There is no such sharp distinction between 'marmalade' and 'jam' in France as there is in England—and if you want marmalade you must add the words 'd'orange'.

Quelque chose de semblable pourrait vous arriver en France si vous commander de la marmelade pour votre petit déjeuner. Vous ne risquez pas de vous faire servir un âne mais on pourrait vous servir de la marmelade de pommes ou de la confiture de framboise. Il n'y a pas une distinction aussi nette en France comme en Angleterre entre 'marmelade' et 'confiture'—et si vous désirez de la 'marmelade' (dans le sens anglais) il faut que vous ajoutiez les mots 'd'orange'.

*Croissants* (shaped like a half-moon) and *Brioches* are delicious. As far as their consistency is concerned they are the French cousins of buns and scones.

Les *croissants* (en forme d'une demi-lune) et les *brioches* sont délicieux. Ils sont de cousins français des 'buns' et 'scones' anglais, en ce qui concerne leur consistence.

French bread, too, is delicious: it is usually white and as long as an umbrella. (I have measured it!) There are various kinds: *Baguette*, *Ficelle*, *Petit Parisien*, *Pain Viennois*—a square white loaf—*Pain Fantaisie* etc. and if you want brown bread ask for *Pain de Seigle*. Some bread is as long as a pikestaff and some as thin as string. (Hence the name.)

Le pain français est délicieux, lui aussi: en général il est blanc et long comme un parapluie. (Je l'ai mésuré!) Il y en a de toutes sortes différentes: la *Baguette*, la *Ficelle*, le *Petit Parisien*, le *Pain Viennois*—du pain blanc en forme carré—le *Pain Fantaisie* et ainsi de suite; et si vous voulez du pain noir demandez du *Pain de Seigle*. Il y a le pain long comme une hallebarde et celui qui est mince comme une ficelle (dont le nom).

At the *Dairy* you will find milk sold not only in litre bottles but also in three-cornered paper cartons called *Berlingots*.

A la *Crémerie* vous ne trouverez pas seulement du lait en bouteille d'un litre mais aussi dans des *berlingots*.

Strictly speaking a *charcuterie* should only sell pork meat (and often they are artistically decorated with garlands of pork sausages) but you will find that the *charcuteries de luxe* sell the sort of things you would find at home at a Delicatessen store. Often they sell cooked dishes as well, to take away, which makes life very easy and pleasant in France.

A vrai dire une *charcuterie* ne devrait que vendre des produits de porc (et souvent vous les trouverez artistiquement décorés avec des saucisses de porc en guirlandes) mais vous trouverez que les *charcuteries de luxe* vendent tout ce que vous avez l'habitude de trouver chez les 'Delicatessen' en Angleterre. Souvent on y vend des plats cuisinés aussi, à emporter, ce qui rend la vie facile et agréable en France.

More interesting: *pastry shops*. (There is a famous one in the rue de Rivoli: *Angélique*, ex Rumpelmeyer). To name only two of the delights: a *Réligieuse* is a sort of éclair filled with cream, a *Bûche de Noël*, a kind of chocolate Swiss roll dressed up as a Yule log; and a *Baba au Rhum* tastes *quite* different in Paris than in London—but beware of the mistake my friend made.

Plus intéréssant: *les pâtisseries*. (Il y en a une de célèbre dans la rue de Rivoli: *Angélique*, anciennement Rumpelmeyer.) Pour ne citer que deux délices: une *Réligieuse* est un genre d'éclair fourré avec de la crème, une *Bûche de Noël* une éspèce de 'Swiss Roll' en chocolat et déguisée en bûche de Noël; et un *Baba au Rhum* a un goût bien différent à Paris qu'à Londres—mais méfiez-vous de ce qui est arrivé à mon amie.[1]

French food shops stay open very much later than in London—especially the smaller ones—and many are open on Sunday morning.

Les épiciers du quartier restent ouverts beaucoup plus tard qu'à Londres—et certains sont ouverts le dimanche matin.

If you prefer to do your shopping at one go, at a *Supermarket*, you will find them all over Paris as well. (And both the *Monoprix* and the *Prisunic*—chain stores—have food sections.)

Si vous préférez faire vos courses tout à la fois, à un *Supermarché*, vous les trouverez partout à Paris. (Et soit le *Monoprix* soit le *Prisunic*—des magasins à succursales multiples—possèdent des sections alimentaires.)

Food specialities are sometimes scrawled on shop or Café windows: *Chicken*—or *Steak: to be taken away*—*Chips*—*Mussels*—*Oysters served here*—*Ice-cream cones*—and so on.

On marque parfois sur les vitrines des magasins ou des Cafés les spécialités de la maison: *Poulet*—ou *Bifteck : à emporter*—*Frites*—*Moules Marinières*—*Dégustation des Huitres*—*Cornets de glace*—et ainsi de suite.

\* \* \*

Have you ever watched a Paris waiter? A juggler could do no better. He balances bottles of Pernod and of Vittel, glasses of beer and cups of coffee on a tray. If you have more than one drink he will pile high before you the saucers on which the price of your drinks is marked.

Avez-vous jamais observé un garçon de Café à Paris? Un jongleur ne ferait pas mieux. Il balance les bouteilles de Pernod et de Vittel, les verres de bierre et les tasses de café sur un plateau. Si vous

---

[1] Elle demanda—par erreur—un Baba 'bien enrhumé'. 'Il est tellement enrhumé,' le pauvre, dit la vendeuse, 'qu'il éternue tout le temps!'

consommez plus d'une chose il entassera devant vous une pyramide de soucoupes sur lesquelles est marqué le prix des vos consommation.

The oldest coffee-house in the world is in Paris: the *Café Procope* (13, rue de l'Ancienne Comédie, 6e—*Métro : Odeon*) was established in 1686 by Francesco Procopio dei Coltelli, a Sicilian nobleman. A plaque outside lists the names of its illustrious guests: they are a lesson in French literature and French history in themselves: La Fontaine ... Voltaire ... Rousseau ... Danton ... Marat ... Robespierre ... Napoleon ... Balzac ... Victor Hugo. ... The table Voltaire used is still there today.

Le plus vieux Café du monde est à Paris: c'est le *Café Procope* (13, r. de l'Ancienne Comédie, 6e, *Métro : Odéon*) établi par Francesco Procopio dei Coltelli, gentilhomme sicilien. La plaque au dehors donne les noms de ses hôtes illustres: c'est une leçon de littérature et d'histoire de France: La Fontaine ... Voltaire ... Rousseau ... Danton ... Marat ... Robespierre ... Napoléon Bonaparte ... Balzac ... Victor Hugo ... La table dont se servit Voltaire y est toujours.

Tea is not France's national beverage. Try therefore not to order it in Cafés. If you can't do without, however, steel yourself beforehand! It will be served in tea-bags and milk (most likely) will be served hot (out of consideration!).

Le Thé n'est pas la boisson nationale en France. Essayez donc de vous en passer. Ne le commandez pas, si possible, au Café. Mais si vous ne pouvez pas vous en passer, préparez-vous d'avance! On vous le servira dans des sachets et (très probablement) avec du lait chaud (pour vous faire plaisir!).

Try other drinks instead—they are delicious: *Café Liégois*, for example (coffee with whipped cream); hot chocolate; *Syrop à la Grenadine* (syrup of pomegranate); *ice-cream* (all the known flavours —plus pistachio).

Essayez d'autres boissons à sa place—elles sont délicieuses: le *Café Liégois*, par exemple (café avec de la crème fraîche); le *chocolat chaud*; le *Sirop de Grenadine*; la *glace* (tous les parfums connus—en plus le pistache).

It is a mistake to believe that a cup of coffee and a sandwich (French style) will necessarily be cheaper than a simple meal. It will depend entirely on the class of café you are patronising. 'Just a sandwich and a coffee—or a glass of beer' at a Café on the Champs-Elysées can cost you nearly as much as a meal at a 'Self-Service'. But anything consumed standing, at the counter, is very much cheaper. (A hard-boiled egg, eaten standing up, and a glass of wine are still among the cheapest things in Paris!)

C'est une erreur de croire qu'une tasse de café et un sandwich (à la française) seront forcément meilleur marchés q'un repas modeste. Cela dépendra entièrement de la catégorie de Café que vous fréquentez. 'Rien qu'un sandwich et une tasse de café—ou un verre de bière' consommé dans un Café des Champs-Elysées vous coûtera presqu'aussi cher qu'un repas dans un 'Self-Service'. Mais toute consommation au comptoir, pris debout, est bien meilleur marché. (Un oeuf dur et un verre de vin sont toujours parmi les choses les meilleur marché à Paris!)

The most famous (and also the most expensive) Café on the *right bank* is the *Café de la Paix*. The *Café des Deux Magots* and the *Café de Flore* on the *left bank* are equally celebrated and are the haunt of artists and writers.

Le plus célèbre (et aussi le plus cher) est le *Café de la Paix* sur la *rive droite*. Le *Café des Deux Magots* et le *Café de Flore* sur la *rive gauche* ont le même renommé et sont fréquentés par les artistes et les écrivains.

\* \* \*

Streets in London are made for people to get from one place to another. In Paris one has the impression that the Boulevards were made to be lived on—so much of life goes on out-of-doors. Stalls are set up on the Boulevards: they sell anything from Moroccan leather goods to trinkets; there are wheels of fortune; stalls selling sweetmeats. (Try 'la barbe à Papa'—a kind of lollipop made of candy floss, as fine as hair prepared before your eyes.) During holiday time the booths of travelling fairs throng the Boulevards but whatever the day of the week or the season the Boulevards are always crowded.

Les rues à Londres ont été construites pour que l'on puisse s'y déplacer. On a l'impression à Paris que les Boulevards ont été faits pour que l'on puisse y vivre—la vie se déroule dans une large mésure au dehors. Il y a des stands sur les Boulevards : on y vend de tout—depuis les articles de cuir du Maroc jusqu'à la bijouterie ; il y a des 'roues de fortunes' ; des stands qui vendent de la confiserie. (Essayez la 'barbe à Papa'—preparée devant vos yeux avec des fils de sucre mince comme des cheveux. . . .) Pendant la périodes des fêtes les stands des foires roulantes encombrent les Boulevards, mais il y a toujours une foule sur les Boulevards à n'importe quel jour de la semaine et à n'importe quelle saison.

The kiosks on the Boulevards, so characteristic of Paris, are covered with posters, advertising all the latest entertainment programme : a quick glance will tell you what's on at the Theatre and the Cinema, what concerts there are and what sporting events.

Les kiosques sur les Boulevards si typiquement parisiens et couverts d'affiches, donnent les derniers programmes : un rapide coup d'oeil vous dira ce qu'on joue au Théatre ou au Cinéma, quels concerts il y a et quels évenements sportifs.

Ladies sitting in little booths shout 'Try your luck, ladies and gentlemen!' and—if it's a Wednesday—'Tickets drawn this evening!' They are selling Lottery tickets and if you've bought the winning ticket you'll be able to stay quite a while longer in Paris! Even if you've bought only one-tenth of a ticket, you may be lucky and win the price back at least. The winning numbers are published in the press the day following the draw.

Assises dans leurs petites baraques des dames crient 'Tentez votre chance, Messieurs-Dames!' et—si c'est un mercredi—'Tirage ce soir!' Elles vendent des billets pour la Loterie Nationale et si vous avez acheté le Gros Lot vous pourriez vous offrir un séjour bien plus long à Paris! Et même si vous n'avez acheté qu'un 'Dixième' (de tranche) il est fort possible que vous ayez de la chance et que vous aurez gague au moins le prix du billet. On publie la liste dans la presse le lendemain du tirage.

## Chapter 24: ENTERTAINMENT

There are over 50 Theatres in Paris—not counting music-halls—about 300 Cinemas and innumerable Cabarets and Discothèques.

Il y a plus de 50 Théâtres à Paris—sans compter les music-halls—environ 300 Cinemas et d'innombrables Cabarets et Discothèques.

Many of the programmes are advertised on the Boulevard kiosks or on posters on Métro station platforms, and all of them in the press. *Paris Weekly Information* specialises in entertainment programmes, but its French version, *Une Semaine de Paris*, is far more exhaustive and gives you a short summary of each play. There is a special section for young people.

Vous trouverez un grand nombre des programmes affichés sur les kiosques des Boulevards et sur les affiches dans le métro (sur les quais), et tous dans la presse. *Paris Weekly Information* se spécialise dans les programmes de distraction, mais la versione française, *Une Semaine de Paris*, est bien plus complète et vous donne un résumé bref de chaque pièce. Il y a une rubrique spéciale pour la jeunesse.

There are six state-subsidised Theatres in Paris: the *Opéra*, the *Opéra-Comique*, the *Comédie-Francaise*, the *Théâtre de France*, the *Théâtre National Populaire* (T.N.P.) and the *Théâtre de l'Est Parisien*. (T.E.P.). Prices are very reasonable.

Il y a six Théâtres subventionnés par l'Etat à Paris: *l'Opéra*, *l'Opéra-Comique*, le *Théâtre de France*, le *Théâtre National Populaire* (T.N.P.) et le *Théâtre de l'Est Parisien*. (T.E.P.). Les prix sont très raisonnables.

Plays are subdivided into 'straight plays', 'dramas' and 'comedies'.

On subdivise les pièces en 'comédies', 'comédies dramatiques' et 'comédies gaies'.

### For the serious minded
Choose the *Comédie Française*[1] for the classics (Corneille, Racine, Molière) or for turn-of-the-century comedies (Labiche)—and a little later (Courteline). You will hear the most perfectly enunciated French.

### Pour les gens sérieux
Choisissez la *Comédie Française*[1] pour les auteurs classiques (Corneille, Racine, Molière) ou pour les comédies gaies genre fin-de-siècle (Labiche)—ou un plus tard (Courteline).

The *Comédie Française*—like all French theatres—begins much later than in London. (Around 9 p.m.) Try and be punctual. A notice in the vestibule makes it quite clear that 'sloppily dressed people' will *not* be admitted. (Young men without ties, girls in trouser suits.) Certain nights are *gala nights*: formal evening dress is required. (*Tuesdays* at the *Comédie Française*.)

La *Comédie Française*—comme tous les théâtres à Paris—commence bien plus tard qu'à Londres. (A 21 h environ.) Essayéz d'être ponctuel. Une pancarte au vestibule précise que des gens 'en tenue negligée' *ne seront pas* admis. (Les jeunes hommes sans cravates, les filles en pantalons.) La tenue de soirée est de rigueur pour les *soirées habillées*. (Le *mardi* à la *Comédie Française*.)

On gala nights you will see the *Gardes Républicaines* (usually on duty in the vestibule) in their gala dress.

Vous verrez les *Gardes Républicaines* (d'habitude de service au vestibule) dans leur tenue de gala les soirée habillées.

If you don't mind queuing up at the last minute—on ordinary nights —you will be able to get in ('in the gods') for the price of a couple of Métro tickets or so.

Mais si cela ne vous fait rien de faire la queue à la dernière minute —les autres soirs—vous pourrez vous offrir une place ('au poulailler'[2]) pour environ le prix de deux tickets de métro.

French theatres have one peculiarity however: folding seats in the aisles are just as expensive as seats in the stalls—and far less com-

---
[1] Founded by Molière.   [2] Slang.
[1] Fondé par Molière.   [2] Argot.

fortable. (And the word for a box in the stalls by the way is the same as for a bath tub: baignoire.)

Les théâtres français ont pourtant une singularité: les *strapontins* dans les couloirs de l'orchestre sont aussi chers que les fauteuils d'orchestre—et bien mois confortable! (Une *baignoire* d'ailleurs est une loge au parterre.)

You may be surprised to see three rather stern-looking gentlemen sitting behind a desk in the vestibule: they are the *Contrôle* and they check your ticket if you have bought them at an Agency.

Vous serez peut-être étonné de voir trois messieurs à la mine sévère assis derrière un bureau vestibule: c'est le *contrôle* et ils contrôlent votre billet si vous avez pris votre place dans une Agence.

\* \* \*

If you're late at the *Opéra* (gala nights on *Friday*) or at the *Théâtre National Populaire* (where you might see 'King Lear' in French) *you won't be let in after the curtain rises.*

Si vous arrivez en retard à *l'Opéra* (soirees habillées e *vendredi*) ou au *Théâtre National Populaire* (ou vous pourriez voir 'Le Roi Lear' en français) vous devrez attendre: *les portes sont fermés au début des actes.*

At the *Théâtre de France* a detailed *French* commentary is given of foreign plays: you can hire earphones.

Au *Théâtre de France* les pièces étrangères sont accompagnées d'un commentaire detaillé en *français*: vous pouvez louer des écouteurs.

\* \* \*

M. André Malraux, France's Minister of Culture and a famous writer in his own right, has put a splendid idea into practice; he has set up throughout France a chain of *Houses of Culture* (so far there are six, but twenty more are planned within the next five years). One is in Paris: this is the *Théâtre de l'Est Parisien*.

M. André Malraux, Ministre aux Affaires Culturelles et écrivain célèbre, a mis en operation une idée splendide: il a créé en France une chaine de *Maisons de la Culture* (jusqu'a présent il y en a six, mais en envisage vingt encore au cours des cinq prochaines années). L'un d'eux est à Paris: c'est le *Théâtre de l'Est Parisien*.

The idea behind these new *Houses of Culture* is to enable people to see all the latest French and foreign plays, films, art shows at reasonable prices. In Paris the *Théâtre de l'Est Parisien* is situated in the 'East End' of Paris—Menilmontant. It puts on avant-garde plays from 'V for Vietnam' to Jazz concerts.

L'idée à la base de ces nouvelles *Maisons de la Culture* était d'y monter toutes les dernières nouveautés (pièces de théatre français et étrangères, des films, des expositions d'art) et de les mettre à la portée de tous. A Paris le *Théâtre de l'Est Parisien* se trouve dans un quartier ouvrier—à Menilmontant. On y donne de pièces d'avant-garde allant de 'V comme Vietnam' jusqu'aux concerts de Jazz.

All Paris theatres close one day a week but are open on *Sundays*.

Tous les théâtres parisiens font relâche une fois par semaine mais sont ouverts le *dimanche*.

For music lovers:
The *Opéra*, *Opéra-Comique*; concerts at the *Salle Pleyel*, *Salle Gaveau*; *French Radio and TV Centre*.

Pour les amateurs de musique:
L'Opéra, l'Opéra-Comique; les concerts à la *Salle Pleyel*, la *Salle Gaveau*; à la *Maison de la ORTF*.[1]

*Operettas* and *musical comedies*: the *Bobino*, *Châtelet*, *Mogador* and *Pacra*.

Les *opérettes* et les *comédies-musicales*: le *Bobino*, le *Châtelet*, le *Mogador* et le *Pacra*.

There are two *circuses* in Paris: the *Cirque de Montmartre* (ex-Médrano) and the *Cirque d'Hiver* (which occasionally puts on straight plays such as Arnold Wesker's 'The Kitchen'.)

Il y a deux *cirques* à Paris: le *Cirque de Montmartre* (ex-Médrano) et le *Cirque d'Hiver* (où on donne parfois des comédies telles que 'La Cuisine' par Arnold Wesker).

[1] Organisation de la Radio et Télévision Française.

Sometimes there is a circus at the *Palais des Sports, Porte de Versailles*—at other times there may be shows such as 'Holiday on Ice'.

Parfois il y a un cirque au *Palais des Sports, Porte de Versailles*— à d'autres moments on y monte de grands spectacles tels que 'Holiday on Ice'.

One of the largest *music-halls* (and dance halls) is the *Olympia*. They are on the look-out for new talent and have opened a new 'pop singer school'—so ring RIC 25.49 if you think you're another Sandie Shaw or Cliff Richard!

*L'Olympia* est un des *Music-Halls* les plus importantes (on y peut aussi danser). On y est à la recherche du nouveau talent 'yé-yé'— allez-y donc et telephonez à RIC 25.49 si vous pensez être une deuxième Sandie Shaw ou un autre Cliff Richard!

*Cinemas* are open from 2 p.m. to midnight but not all give continuous performances. The times of showing are posted on the outside of Cinemas (often on cardboard clocks). The last performance starts very much later than in London—at 10 p.m. The large Cinemas (Champs-Elysées, Grands Boulevards) showing new French films or foreign films—in their own language—are the most expensive. A great number of Cinemas show dubbed versions of foreign films and a few specialise in showing old Cinema 'classics'.

Les *Cinémas* sont ouverts de 14h à minuit mais ils ne donnent pas tous des spectacles continuels. On montre les heures quand le grand film passe à l'extérieur su Cinéma (souvent sur des horloges de carton). Les grands Cinémas (Champs-Elysées, Grands Boulevards) où passent les nouveaux films français ou les films étrangers—en version original—sont les plus chers. De nombreux Cinémas passent des versions françaises des films étrangers et quelques-uns se spécialisent dans les vieux bons films 'classiques' du Cinéma.

If you like this sort of thing you will love the *Cinémathèques* in Paris: a kind of Cinema Museum. There are two: one at the *Palais de Chaillot* (the entrance is a bit hard to find, round at the back)—the other at the *Musée Pédagogique*, 29, rue d'Ulm, 5e. Prices are exceedingly reasonable. (Phone: 704.24.24.)

Si vous aimez ce genre de chose vous allez aimer les *Cinémathèques*: c'est un éspèce de Musée du Cinéma. Il y en à deux à Paris: l'un se trouve au *Palais de Chaillot* (c'est un peu difficile de trouver l'entrée, c'est à l'arrière du bâtiment l'autre est au *Musée Pédagogique*, 29, rue d'Ulm, 5e. Les prix sont extrèmement modérés. (Téléphonez au 704.24.24.)

They are the only Cinemas in Paris where during the interval you will not hear the cry of 'Iced chocolate'—'Ice cream'—'Acid drops'—'Menthol drops'!

Ce sont les seuls Cinémas a Paris où pendant l'interval vous n'entendrez pas le cri de 'Chocolat glacé!' 'Esquimaux Gervais!'—'Bonbons acidulés'—'Bonbons a la menthe'.

But the heart of *swinging* Paris is on the Left Bank—in the little streets around St. Germain-des-Prés and in the Latin Quarter. Of the forty-odd *Discothèques* and *Jazz Clubs* you will find the majority there; others are around the Champs-Elysées, the district of the Opera and some up in Montmartre. An evening at any of them can cost you as little as £1.

Mais le coeur de Paris dans le vent est sur la rive gauche—dans les petites rues autour de St. Germain-des-Prés et au Quartier Latin; des quelques quarante vous y trouverez la majorité de *Discothèques* et *Jazz Clubs* de Paris. Les autres se trouvent autour des Champs-Elysées, dans le quartier de l'Opéra, plus quelques-uns à Montmartre. Une soirée pourra vous coûter environ 12–14F.

There's a craze for electronically operated mini-race cars and there's a track at the *Palais Berlitz* (near the Opera) and another one at *Miniland* (St. Germain-des-Prés).

La vogue est aux mini-voitures de course, dirigées éléctroniquement: il y a un circuit au *Palais Berlitz* (près de l'Opéra) et un autre au *Miniland* (St. Germain-des-Prés).

## Chapter 25: SHOPPING

Nowhere in the world are the shop windows more enticing than in Paris, nor arranged with better taste, from the smallest 'boutique' to the large stores.

Les vitrines des magasins sont nulle part ailleurs aussi séduisantes ui arrangées avec un tel goût qu'à Paris, de la boutique la plus petite aux grands magasins.

It is easy to shop in Paris. The large stores—such as the *Galéries Lafayette* or the *Printemps* place an *Information Bureau* and *English-speaking hostesses* at your disposal. *Travellers cheques* are welcome and they (as well as many other shops) grant you a 15% discount on any purchase made. You get the same discount if you pay in francs or in pound notes—provided the total value of the goods you bought comes to F. 125 at least.

C'est facile de faire vos courses à Paris. Les grands magasins— tels que les *Galéries Lafayette* ou le *Printemps*—mettent à votre disposition un *Bureau d'Information* et des hôtesses *parlant anglais*. On accepte volontiers des *Chèques de voyages* et on vous accorde une détaxe de 15% sur les achats faits. Vous aurez le même rabat si vous payez en francs ou en livres sterlings—à condition d'effectuer des emplettes pour un montant minimum de 125 F.

Ask for a *Shopping Card*. You will have to pay in full in the shop and receive the Invoice in triplicate: on leaving the country hand two of the three Invoices to the customs—*if you are leaving by air*; you will be paid your 15% discount on the spot.

Demandez un '*Carnet d'Achat.*' Vous serez obligé de regler le montant total dans le magasin et on vous remettra la facture en trois exemplaires; quand vous quittez le pays vous en remettrez deux à la Douane—*si vous partez en avion*: la ristourne vous sera versée sur le champ.

If you are returning by train the procedure is slightly different: you must send the two Invoices back to the shop, together with instructions how you wish repayment to be made. (By cheque to a Bank in France or drawn on a Bank in your home town, etc.)

Si vous rentrez par le train les formalités sont un peu differentes: vous enverrez les deux factures au magasin, en leur indiquant le mode de règlement choisi pour la ristourne. (Versement à un compte bancaire en France, ou chèque tiré sur la ville où vous résidez, etc.)

The *Galéries Lafayette* have a *Mini Boutique*, a *Boutique 17* and a Boutique for the 'old ladies'—those over twenty (including special attention to make-up and appropriate hair-styles).

Les *Galéries Lafayette* ont une *Boutique Mini* et une Boutique pour 'les vieilles'—celles qui ont passé le cap des vingt ans ('*Boutique* 20 ans')—(y compris des soins spéciaux quant au maquillages et aux coiffures convénables).

The *Galéries Lafayette* have another fascinating thing: you can buy your dress material, have it cut and fitted on the spot—so that all you need to do is to sew it or you can have it ready to wear *on the same day*. (One extra fitting.)

Les *Galéries Lafayette* ont une autre chose passionante: vous pouvez y acheter votre tissu, le faire couper et l'essayer sur place ... tout ce qui vous reste donc à faire et de la coudre ... ou on peut vous le terminer *dans la journée même*. (Un essayage de plus.)

There are seven sizes and five models to choose from. An enormous machine cuts the material before your very eyes. Prices are extremely reasonable and depend on whether you have the material cut only, have it tacked together or want to take the dress away, *ready to wear*.

Il y a sept mésures et cinq modèles-a vous de choisir. Une machine énorme coupe le tissu devant vos yeux. Les prix sont extrèmement raisonnable et varient suivant votre décision de faire découper le tissu, le faire bâtir ou d'acheter la robe *prête a porter*.

The *Marché du Tissu* (118 rue de Rivoli, 1er) run a similar service.

Le *Marché du Tissu* (118, rue de Rivoli, 1er) a un service de ce genre.

But a new little shop has sprung up—*La Chiffonerie* (at 65, rue Réaumur, 2e)—which goes one better still. They will run you up a dress *made-to-measure* within a week. You bring your own material, if you wish, choose your pattern, have it cut and tacked on the spot—and you collect it within a week. (One fitting.)

Mais il y a une nouvelle petite boutique—*La Chiffonerie* (au 65, rue Réaumur, 2e) qui est encore mieux. On vous y fera une robe *sur mésure* au cours d'une semaine. Vous pouvez y apporter votre tissu, vous choisissez le patron et on le coupe et essaye sur le champ—et vous pouvez l'emporter dans la semaine.

The dress can also be cut and tacked for you on the spot, so that all you have to do is to sew it.

On peut aussi couper et bâtir la robe pour vous, et vous n'aurez que la coudre vous-même.

The shop (open from 10 a.m.–7.30 p.m.) is run by two young with-it sisters—*Danièle* and *Arlette Beressi*. Arlette was dress-designer at Dior's. The shop also stocks ready-to-wear dresses, hats, Art Nouveau jewellery, hand-painted scarves and has periodic sales of Haute Couture models.

La boutique (ouverte de 10 à 19h.30) est gérée par deux jeunes soeurs, qui sont 'dans le vent'—*Danièle* et *Arlette Beressi*. Arlette a été modéliste chez Dior. La boutique a aussi des robes prêtes-à-porter, des chapeaux, de la bijouterie 'Art Nouveau', des écharpes peintes à la main et met périodiquement en solde des modèles Haute Couture.

The *Boutique* of *Elle-Club* (127, Champs-Elysées, 8e) sells dress material, cut and tacked together, complete with all accessories, needle and thread—it all comes in a cellophane bag. You take it home and sew it. (Ask for the 'Juste à coudre' department.)

La *Boutique d'Elle-Club* (127, Champs-Elysées, 8e) vend du tissu, coupé et bâti, avec tous les accessoires, l'aiguille et le fil—le tout dans une enveloppe de cellophane. A vous de l'emporter et de la coudre. (Demandez le service *Juste à coudre*.)

*Elle-Magazine* also runs a 'Shopping Service'. Ring GUT 80.60.

Le Magazine *Elle* a aussi un 'Service Shopping'. Appelez GUT 80.60.

Slightly cheaper stores are the *Bon Marché* on the *left bank* (*Métro : Sèvres-Babylone*) or the *Samaritaine* on the *right bank*. (*Métro : Pont-Neuf*.)

Le *Bon Marché* sur la *rive gauche* (*métro : Sevres-Babylone*) et la *Samaritaine* sur la *rive droite* (*Métro : Pont-Neuf* sont des magasins un peu plus économique.

The *Monoprix* and *Pris unic* are excellent for small souvenirs. They are chain stores and you will find branches throughout Paris.

Le *Monoprix* et le *Pris unic* vous offrent un grand choix de petits souvenirs. C'est une chaîne de magasins et vous en trouverez des succursales partout à Paris.

All big Paris stores are *closed* on *Mondays* and open *all day Saturday*. (Hours: 9.15 a.m.–6.30 p.m.)

Tous les grands magasins parisiens sont fermés le *lundi* et ouverts le *samedi toute la journée*. (De 9.30 à 18h30.)

\* \* \*

Guide to sizes in France:
Les tailles en France:

*Women :*    *Dresses and coats :*
*Femmes :*    *Robes et manteaux :*

| 40 | 42 | 44 | 46 | 48 |
|----|----|----|----|----|
| 32 | 34 | 36 | 38 | 40 |

*Blouses and pullovers :* (*Blouses et 'pulls'*)

| 38 | 40 | 42 | 44 | 46 |
|----|----|----|----|----|
| 32 | 34 | 36 | 38 | 40 |

*Stockings*
*Bas :*

| 1 | 2 | 3 | 4 | 5 |
|---|---|---|---|---|
| 8½ | 9 | 9½ | 10 | 10½ |

*Shoes :*
*Chaussures :*

| 36 | 37 | 38 | 39 | 40 |
|----|----|----|----|----|
| 3 | 4 | 5 | 6 | 7 |

| | |
|---|---|
| *Men :* | *Ready-to-wear :* |
| *Hommes :* | *Prêt-à-porter :* |

34  36  38  40  42  44  46  48
34  35  36  37  38  39  40  42

*Pullovers :* ('*Pulls*')

36  38  40  44  46
46  48  51  54  59

\*   \*   \*

The day I left Paris I was up bright and early and outside the *Galéries Lafayette* at 9.15 a.m. I had intended to do some last-minute shopping. A few minutes later there arrived a group of foreign tourists: obviously they had the same idea in mind. We waited for the doors to open. They remained firmly shut. We consulted our watches ... and then it dawned on us: it was a *public holiday* and as it happens a religious one—Ascension. We had not taken it into account. To save you from similar disasters a list of public and religious holidays follows below:

Le jour où je quittais Paris je me levais de bonne heure et me trouvais devant les *Galéries Lafayette* à 9h.15 J'avais eu l'intention de faires des courses à la dernière minute. Quelques instants plus tard un groupe de touristes étrangers arriva: évidemment ils avaient eu la même idée. Nous attendions que les portes nous fussent ouvertes. Elles restaient solidement fermées. Nous consultions nos montres. ... et finalement nous comprîmes: c'était un *jour férié*—une fête religieuse—l'Ascension—dont nous n'avions pas tenus compte. Pour vous éviter des catastrophes semblables voici une liste de jours fériés:

**Public Holidays:**
New Year's Day
Easter Sunday and Monday
Labour Day (May 1)[1]

---

[1] You will see people selling sprigs of lily-of-the-valley in the streets of Paris on May 1. It is the custom to buy a sprig for luck and give it to your friends.
All *banks, stores, museums* are closed—only a few *post-offices* are open in the mornings (as on Sundays), no *letters* are distributed, the *bus* and *métro* service is as on Sundays; watch the press to see which theatres are open. Cinemas remain open.

Ascension Day (variable date)
Whit Monday
Bastille Day (July 14—France's National Holiday)
The Feast of the Assumption (August 15)
All Saint's Day (November 1)
Armistice Day (November 11)
Christmas Day

Les jours fériés:
  Le Jour de l'An
  Pâques (dimanche et lundi)
  La Fête du Travail (le 1 mai)[1]
  L'Ascension (date variable)
  Le lundi de la Pentecôte.
  Le 14 juillet (Fête Nationale)
  L'Assomption (le 15 août)
  La Toussaint (le 1 novembre)
  La Fête de l'Armistice (le 11 novembre)
  Le Jour de Noël

'*V*' *Day* celebrations (end of the 1939–45 war in Europe) take place the *Sunday* following on *May* 8 (Fireworks, etc.).

La Fête du *Jour de la Victoire* (la fin de la guerre 1939–45 en Europe) est reporté au dimanche suivant le *8 mai* (Feux d'artifice, etc.).

Good Friday is not an official holiday in France. But some people might turn it into one long week-end—from Thursday to the following Tuesday.

Le Vendredi Saint n'est pas un jour férié officielle en France. Mais il est possible que l'on 'fasse le pont', prenant un long weekend du jeudi jusqu'au mardi de la semaine suivante.

---

[1] Vous verrez qu'on vend des bouquets de muguet dans les rues de Paris. D'habitude on en achète pour l'offrir aux amis comme porte bonheur.
Toutes les *banques*, les *grands magasins*, les *musées* sont *fermés*—il n'y a que quelques *bureaux de poste* qui restent ouverts (comme le dimanche), on ne distribue pas le courrier; les théatres ouverts sont annoncés dans la presse. Tous les Cinémas restent ouverts.

*Chapter 26:* SOME USEFUL PHRASES

The intrepid traveller who crossed the Channel in 1889 (the year the World Exhibition took place in Paris and the Eiffel tower was built) must have found Baedeker's 'Manual of Conversation' (printed in the same year) invaluable. He learnt to say, in perfect French: 'Postilion stop, we wish to get down' or 'John, snuff the candles and bring me the oil'—but we, intrepid travellers of the 20th century, need quite a different sort of thing!

Le voyageur intrépide qui traversait la Manche en 1889 (l'année où l'Exposition Mondiale avait lieu à Paris et la Tour Eiffel fut construite) a dû trouver le 'Manuel de Conversation' de Baedeker (imprimé dans la même année) d'une valeur inéstimable. Il apprenait donc à dire, dans un Français parfait: 'Postillon, arrêtez. Nous voulons déscendre' ou 'Jean, mouchez les chandelles et donnez-moi l'huilier'—mais nous, voyageurs intrépides du XXème siècle, il nous faut bien autre chose!

The following phrases might therefore come in handy:

Les phrases suivantes vous pourront douc être utiles:

| *On the telephone.* | *Au téléphone.* |
|---|---|
| Hullo! | J'écoute (ou' allo!) |
| Who is speaking? | Qui est à l'appareil? |
| Hold on! | Ne quittez pas! |
| The line is engaged. | La ligne est occupée. |
| The *extension* is engaged. | *Le poste* est occupé. |
| We were cut off. | On a été coupé. |
| Hang on. | Restez à l'écoute. |
| Telephone out of order. | Cabine en dérangement. |
| Telephone on the mezzanine floor. | Téléphone à l'entresol. |

*What it says on Paris phones*
Put a jeton in the slot.

Lift off the receiver.
Wait for the signal then dial the number of your correspondent.
When you hear him press the button.
If there is no reply, if you have mis-dialled or if the line is engaged hang up the receiver and you will get the jeton back.
CAUTION. You cannot make trunk calls from this phone.

*On Taxiphones*[1]
Insert a jeton.
Take off the receiver.
Wait for the buzzing sound.
Dial the number.
When your correspondent replies press the button.
If there is no reply or if the line is engaged you will be reimbursed.

*What it says at traffic crossings*
Pedestrians wait.
Pedestrians cross now.
Cross the streets at 'Zebra crossings'.
It is strictly forbidden to cross. without using traffic signals.

Press button before crossing and await stopping of cars at red light.
No pedestrian crossing.

*Les instructions téléphoniques*
Introduisez dans la fente ci-dessus un jeton.

Décrochez le combiné.
Attendez la tonalité puis formez le numéro de votre corréspondant.
Quand vous entendez celui-ci, enfoncez le bouton.
En cas de non-réponse, de fausse manoeuvre ou d'occupation, raccrochez le combiné et le jeton vous sera rendu.
ATTENTION. A partir de cet appareil il n'est pas possible d'obténir des communications interurbaines ou régionales.

*Au Taxiphone*[1]
Mettez un jeton.
Décrochez le recepteur.
Attendez le bourdonnement.
Composez le numéro.
A la réponse de votre correspondent appuyez sur le bouton.
En cas de non-réponse ou de pas libre vous serez remboursé.

*Les signaux lumineux*
Attendez piétons.
Traversez piétons.
Traversez les rues aux passages cloutées.
Interdiction absolute de traverser sans utiliser les signaux.

Pour traverser appuyez sur le bouton et attendez l'arrêt des voitures au feu rouge.
Traversée interdite aux piétons.

---

[1] 'Taxiphone' is the name of one of the two companies supplying phones in Paris—it has nothing to do with taxis.
C'est le nom d'une société qui fournit les téléphones à Paris. (Il y en a deux.) Rien à voir avec les taxis.

*At bus stops*
Stop transferred to . . .
Except Sundays and holidays . . .

*Signal driver to stop*
Times of first and last buses—
average interval between buses.

Main stops

*Inside buses*
Full.
It is dangerous to lean out of the
window or to let your arm hang
out.

*Ring once to stop bus.*

Smoking prohibited.
Do not alight before the bus has
completely stopped.
Conductor's place.
Reserved seat.

*Inside métro stations*
Push.
No way down.
Entrance.
No admittance.
Beyond this barrier tickets are no
longer valid.
Entrance reserved for ticket
holders.
No entry.
Automatic gate. Do not try to
pass whilst closing.

Each person must show his
ticket separately at the barrier.
Front of train.
Rear of train.
Exit.

*Aux arrêts de l'autobus*
Arrêt reporté à . . .
Sauf dimanche et fêtes . . .

*Faire signe au machiniste*
Heures des premiers et derniers
passages—interval moyens
entre les voitures.

Principaux points desservis.

*Dans les autobus*
Complet.
Il est dangéreux de se penche
ou de laisser passer les bras à
l'extérieur.

*Sonnez une fois pour obténir
l'arrêt au prochain point d'arrêt.*
Il est interdit de fumer.
Ne pas déscendre avant l'arrêt
complet de la voiture.
Place du receveur.
Place réservée.

*Dans les stations de métro*
Poussez.
Déscente interdite.
Entrée.
Entrée interdite.
Au-delà de cette limite les
billets ne sont plus valables.
Entrée réservée aux voyageurs
munis de billets.
Passage interdit au public.
Portillon automatique. Ne pas
tenter de passer pendant la
fermeture.
Présentez séparement votre
billet au contrôle.
Tête des trains.
Arrière des trains.
Sortie.

### Inside the coaches

Caution. Closing of doors is automatic. Opening of doors and leaning outside whilst the train is moving strictly forbidden. The train can leave only when the doors are shut. Do not interfere with their closing.
Lost property should be handed over to the station staff and not to the train crew.

(In the new coaches)
Don't use the folding seats during the rush hour.
Smoking prohibited

Caution. These seats are reserved for priority card holders.
1° War invalids.
2° Blind people and civilian invalids.
3° Pregnant women and adults with children of less than 4 years of age.

Keep your ticket: further checking may take place in the carriage. On the Sceaux-line it will be required at interchange points and at the exit.
The station is curved. Be careful when boarding the train. The interval between the platform and the coaches is indicated by white lighting.
(On the 'Trottoir roulant'-Châtelet)
Keep to the right
Wrong way

### Dans les voitures

Attention. La fermeture des portes est automatique. Défense absolue d'ouvrir les portes avant l'arrêt et de se pencher au dehors. Le train ne peut partir que les portes fermées. Ne pas gêner leur fermeture.
Avis. MM les voyageurs sont priés de remettre les objets trouvés aux agents des stations et non à ceux des trains.

Nes pas utiliser les strapontins aux heures d'affluence.
Défense de fumer

Attention. Ces banquettes sont réservées par priorité.
1° aux mutilés de guerre.
2° aux aveugles civils, aux mutilés du travail et aux infirmes civils.
3° aux femmes enceintes et aux personnes accompagnées d'enfants âgés de moins de 4 ans.

Conservez votre billet, il peut être contrôlé en cours de route. Il est éxigé sur la ligne de Sceaux, aux accès de correspondance et à la sortie.
La station est en courbe. En montant dans la voiture attention au pas. L'intervalle entre le quai et les voitures est signalé par un éclairage blanc.


Tenez votre droit
Sens interdit

## SOME USEFUL PHRASES

*In shops* (Or shop windows)

English spoken here.
Please do not handle the goods.

Please check your change at the cash desk.
During alterations to the premises business will continue as usual.
Sale.
End of season.

*On letter-boxes*

Times of collection:
Weekdays: from 10.30 a.m. to 8.30 p.m. every hour.
Sundays and holidays:
One collection only: 3 p.m.
Don't throw printed matter into this box nor heavy parcels.

*On automats*

Insert a coin of . . . centimes.
Select by pressing the button.

Should the automat not function press here.

*At a Café/Restaurant*

Could I have the bill, please.

Is the service charge included?

*At the Hotel*

Could I have the bill, please.

*Dans les magasins* (Ou dans les vitrines)

Ici on parle anglais.
Prière de ne pas toucher aux marchandises.

Prière de vérifier votre monnaie à la caisse.
Pendant les travaux la vente continue à l'intérieur.

Soldes.
Fin de saison.

*Sur les boîtes à lettres*

Heures de lévee:
Jours ouvrables de 10.30–20h.30 toutes les heures.
Dimanche et jours fériés:
Levée unique: 15h.
Ne jetez pas dans cette boîte ni IMPRIMES ni paquets importants.

*Sur les automates*

Mettez . . . centimes.
Choisisses en appuyant sur le bouton. Pressez.
En cas de non-fonctionnement appuyez ici.

*Dans un Café ou Restaurant*

Donnez-moi *l'addition*, s'il vous plaît.
Est-ce-que le service est compris?

*A l'Hotel*

Donnez-moi la *note*, s'il vous plaît.

*Reporting a loss at the police station*

I should like to declare the loss of . . .

I have lost my passport.
I have lost my wallet.
I have lost my handbag.
I have lost my umbrella.
I have lost my gloves.
I need a receipt for the declaration of loss.
Thank you (very much).

Thank you for it.

*Au Commissariat de Police en cas de perte*

Je viens faire une déclaration de perte. M. l'Agent. J'ai perdu . . .
J'ai perdu mon passeport.
J'ai perdu mon portefeuille.
J'ai perdu mon sac à main.
J'ai perdu mon parapluie.
J'ai perdu mes gants.
J'ai besoin d'un récépissé de la declaration de perte.
Merci (bien), Monsieur le Commissaire.
Je vous en remercie.

## Chapter 27: SOME USEFUL ADDRESSES

*Air France*
   119, Avenue des Champs-Elysées, 8e             BAL 70–50
   2, rue Scribe, 9e

*Airport Information:*
*Renseignements Aéroports:*
Le Bourget                                                                     284–01–32
Orly                                                                        707–85–55

*Air Terminal Les Invalides*                         INV 96–20
*Aérogare des Invalides*

*American Express Co.*
   11, rue Scribe, 9e                                       OPE 42–90

*B.E.A.*
   129, Ave. des Champs-Elysées, 8e           742–46–30
   38, Ave. de l'Opéra, 8e                             742–46–30

*B.I.J.* (Information Office for Youth)
*Bureau d'Information pour la Jeunesse*
   7, rue Balzac, 8e                                       225–91–88

*British Consulate*
*Consulat Britannique*
   37, r. du Fbg. St. Honoré, 8e                  265–27–10

*British Council Library*
*Bibliothèque du British Council*
   36, rue des Ecoles, 5e                             633–35–35

*British Embassy*
*Ambassade Britannique*
   35, r. du Fbg. St. Honoré, 8e                  265–27–10

*British Railways*
*Chemins de Fer Britanniques*
   12, Bd. de la Madeline, 9e                      OPE 56–70

*B.U.A. (British United Airways)*
c/o Compagnie Air Transport for *Silver Arrow Service*
    4, r. de Surène, 8e      265–94–81
     265–05–41

*Cook (Thos.) & Son*
    2, Pl. de la Madeleine, 9e      OPE 40–40

*Church of Scotland*
    17, rue Bayard, 8e

*English Methodist Church*
    4, rue Roquépine, 8e

*French Government Tourist Office*
*Commissariat Général au Tourisme*
    8, Ave. de l'Opéra, 2e      073–99–34

*French National Tourist Information Office*
*Bureau National de Renseignements de Tourisme*
    127, Ave. des Champs-Elysées, 8e      BAL 12–80

*French Railways: Information*      522–92–00
*S.N.C.F.: Renseignements*

*Lost Property Office*
*Bureau des Objets Trouvés*
    36, r. des Morillons, 15e      LEC 60–67

*Office du Tourisme Universitaire*
    137, Bd. St. Michel, 6e      DAN 60–97

*Paris Welcome Office* (Paris Hostesses)
*Bureau d'Accueil* (Les Hôtesses de Paris)
    7, rue Balzac, 8e      ELY 43–57

*St. George's Anglican Church*
    7, r. Auguste Vacquerie, 16e

*Stena Line* ('The Londoner')
Voyages Mélia
    31, Ave. de l'Opéra, 1er      OPE 83–30

*Skyways*
    8bis, Pl. de la Republique, 11ème      797–85–59

*Synagogue*
    44, r. de la Victoire, 9e

## Y.M.C.A.
13, Ave. Raymond Poincaré, 16e     727-92-97
                                   553-65-00

## Y.W.C.A.
26, rue d'Anjou, 8e                265-09-57

# APPENDIX
(With answers)

*Introduction:*

The 's' has been switched round. *Rouget de l'Isle* who composed the French national anthem—the *Marseillaise*—thus turns into 'Rouge*ts* de l'*Ile*'—the 'red mullets of the island'.

On a changé la position de l' 's'. *Rouget de l'Isle* qui composa l'hymne national—la *Marseillaise*—devient donc (les) 'Rouge*ts* de l'*Ile*'.

*Chapter 3 (Jardin Shakespeare):*

The plants are mentioned in the following plays:
1. 'As You Like It'
2. 'Macbeth'
3. 'A Midsummer Night's Dream'
4. 'The Tempest'
5. 'Hamlet'

*Chapter 4:*

'Voler' also means 'to steal' and cannot be used by a person in this context.

*Chapter 9 (Musée de l'Homme):*

*Wampum*—headbands made up of tiny pieces of shell used by the tribe as an ornament, coins, and a means of keeping records of events; in times of danger messages were transmitted in this way.

*Wampum*—bandeaux de petites perles de coquillage, à la fois ornements, monnaie, archives pour la tribu; dans les occasions graves, ils servaient également à transmettre des messages.

| Museums/Les Musées | Métro | Bus/Autobus | Open/Ouvert | Closed/Fermé | Price/Prix | Free/Gratuit |
|---|---|---|---|---|---|---|
| Musée de l'Armée* Les Invalides | Invalides | 28, 49, 69, 82, 92 | 10-12.15 pm 2.30-6 pm | Tuesday/mardi | F.1 | |
| Musée Carnavalet* 23, r. de Sévigné, 3e | St. Paul | 29, 69, 76, 96 | 10-12 pm 2-5 pm | Tuesday/mardi | F.1 | Sunday/dimanche |
| Musée de Cluny*1 6, Pl. Paul Painlevé, 5e | Odeon | 21, 27, 38, 63, 81, 85, 86, 87 | 10-12.45 pm 2-5 pm | Tuesday/mardi | F.1 | |
| Musée de la Conciergerie* 1, Quai de l'Horloge | Cité | 38, 47, 56, 58, 70, 75 | 10-12 pm 1.30-6 pm | Tuesday/mardi | F.1 | |
| Musée du Conservatoire des Arts et Métiers* 292, r. St. Martin, 3e | Arts et Métiers | 20, 38, 47, 52, 53, 58, 75 | 1.30-5.30 pm | Monday/lundi | F.1 | Sunday/dimanche |
| Manufacture Nationale des Gobelins 42, Ave. des Gobelins, 13e | Gobelins | 27, 47, 83 | 2-5 pm | | | Wed., Thurs., Fri. /mer., jeu., ven. |
| Musée de l'Histoire Naturelle* 57, r. Cuvier, 5e | Jussieu | 67, 89 | 1.30-4(5) pm | Tuesday/mardi | F.0.50 | |
| Musée de l'Homme* Palais de Chaillot | Trocadéro | 22, 30, 32, 63 | 10-5 pm | Tuesday/mardi | F.1.40 | |
| Musée de la Marine* Palais de Chaillot | Trocadéro | 22, 30, 32, 63 | 10-6 pm | Tuesday/mardi | F.1 | |
| Musée National d'Art Moderne* Ave. du Prés. Wilson, 16e | Iéna | 62, 63, 72, 82 | 10-5 pm | Tuesday/mardi | F.1 | Sunday/dimanche |
| Musée du Louvre* Palais du Louvre, 1er | Louvre/ Palais-Royal | 21, 24, 27, 39, 48, 67, 69, 72, 73, 74, 76, 81, 85, 95 | 10-5 pm 8-10 pm1 | Tuesday/mardi | F.1 | Sunday/dimanche |
| Musée du Jeu de Paume1* Pl. de la Concorde, 2e | Concorde | 42, 52, 72, 73 | 10-5 pm 8-10 pm | Tuesday/mardi | F.1 | |

1 Sundays half-price.
  Demi-tarif le dimanche.

| Museums/Le Musées | Métro | Bus/Autobus | Open/Ouvert | Closed/Fermé | Price/Prix | Free/Gratuit |
|---|---|---|---|---|---|---|
| Musée de l'Hôtel de la Monnaie* 11, Quai Conti, 6e | Pont-Neuf | 24, 27 | 2.30–5.30 pm | | | Tues., Thurs./ mar., jeu. |
| Palais de la Découverte* Ave. F-D Roosevelt, 8e | F-D Roosevelt | 28, 42, 49, 80, 83 | 10–12 pm[1] 2–6 pm 8.45 pm | Friday/vendredi | F.1.50 | |
| Musée Instrumental du Conservatoire 14, r. de Madrid, 9e | Europe/ St. Lazare | 20, 21, 24, 26, 27, 29, 53 | 2–4 pm | | | Thurs., Sat./ jeu., sa. |
| Musée de l'Opéra Pl. Charles Garnier, 9e | Opéra | 20, 21, 22, 25, 27, 29, 42, 52, 53 | 2–5 pm | Monday/lundi | F.1.50 | Sat., Sun, hols./ sa., di., fêtes. |
| Phonothèque Nationale 19, r. des Bernardins, 5e | Maubert-Mutualité | 24, 63, 86, 87 | 9–11.30 am 2.30–5.30 pm | | F.1 | |
| Musée Postal 4, r. St. Romain, 6e | Vaneau | | 2–4 pm | Tues. & hols./ mar. & fêtes | | |
| Wax figures: Musée Grévin 10, Bd. Montmartre, 9e | Montmartre | 20, 39, 48, 52 | 2–7 pm[2] | | F.3[1] | |
| Catacombs | Denfert-Rochereau | 38, 68 | | | F.0.50 | |

[1] Alternates with the Louvre (except during the tourist season).
Le Louvre et le Jeu de Paume sont ouverts le soir à tour de rôle hors de saison. (Le vendredi.)

[2] Sunday and holidays, incl. school holidays from 1.30–8 pm.
Le dimanche et fêtes et congés scolaires de 13.30–20 h.
Groups half-price, children under 8 free; English commentary.
Demi-tarif pour les groupes, enfants moins de 8 ans gratuits, commentaires en anglais.

| | Métro | Bus/Autobus | Open/Ouvert | Closed/Fermé | Price/Prix | Free/Gratuit |
|---|---|---|---|---|---|---|
| *Eiffel Tower* Champ-de-Mars | Bir Hakim | 42, 69, 80, 82, 87 | Daily/t.l.j.[1] | | | |
| *First floor* | | | | | | |
| Apr. 15–Oct. 15 | | | 10 am–12 pm | | | |
| Oct. 15–Apr. 15 | | | 10.30 am–6 pm | | F.2 | |
| Walk up | | | 10.30 am–6 pm | | F.1 | |
| *Second floor* | | | Daily/t.l.j. | | | |
| Apr. 15–Oct. 15 | | | 10 am–6 pm | | F.4 | |
| Oct. 15–Apr. 15 | | | | | | |
| Walk up | | | | | F.2.50 | |
| *Third floor* | | | Daily/t.l.j. | | | |
| Apr. 15–Oct. 15 | | | 10 am–6pm | Nov–March | F.7 | |
| *Institut Pasteur* 25, r. du Dr. Roux, 15e | Pasteur | 39, 70, 89 | | | | |
| *Observatory* 61, Ave. de l'Observatoire, 14e | Port-Royal | 83, 91 | | | | |
| *Planetarium* see 'Palais de la Découverte' | | | | | | |

[1] 6.45–12 p.m. F.2.50

# INDEX

The better known 'Avenues', 'Boulevards' and 'Rues' are indexed under 'Streets', Underground stations serving places of interest under 'Métro'.

Ader, Clément, 83, 84
Air Lines, 49, 166, 204
Airport Authority, 49
— liaison, 166, 167
Airports
  Le Bourget (B.E.A.), 48–50, 145, 163, 166, 168, 203
  Orly (AIR FRANCE), 48–50, 145, 163, 166, 203
Air Terminal Les Invalides, 48, 144, 163, 166, 203
Alphand, Jean-Charles, 44
Amusement Park, 42, 43
Amusements
  Mini-car races, 43, 190
  — -golf, 40, 43
  Shooting galleries, 43
  Wild West Saloon, 43
Andromaque, 129
Aquariums, 118, 162
Arc du Carrousel, 15, 65
— de Triomphe, 15, 25, 26, 35, 65, 66, 68, 127, 128
Arènes de Lutèce, Les, 13, 62, 123
Arondissements, List of, 28
Assemblée Nationale, L', 15
Auctions, 120
Austria, Anne of, 85
Autoroutes, 48

Bagatelle, Chateau de, 45
— Parc de, 45
Ballet, 100
Balzac, Honoré de, 182
— House of, 95
Banks, 168, 169
Bastille, La, 34, 90
— Day, 64
Beatles, The, 35, 92
Beethoven, Ludwig van, 91
Béjart, Armand, 129
Belleville, 29

Berlitz, Palais, 190
Bienvenue, Fulgence, 137
Blériot, Louis, 83, 84
Bombard, Dr. Alain, 80
Bois de Boulogne, 23, 26, 28, 29, 35, 42–5, 46, 107
— — Vincennes, 25, 35, 36, 45, 46
Bonnard, Pierre, 87, 88
Bouquinistes, Les, 60
Bouglione Brothers, The, 32
Bottin, Le, 148
— Sébastien, 148
Boutique, 192, 193
Braque, Georges, 87, 88
Bridges
  Pont de l'Alma, 59, 64
  — du Carrousel, 59
  — de la Concorde, 57
  — de Grenelle, 59
  — Neuf, 59, 60, 63, 67, 127, 128
  — Petit, 59
  — Royal, 59
  — de la Tournelle, 60
  — Winston Churchill, 30 (ex 'Alexandre III')
British Consulate, 171, 203
— Council Library, 203
— Embassy, 27, 203
— Railways, 203
Buffon, Georges Louis Leclerc, Comte de, 40
Buses, 25, 132–7, 141, 199

Cafés, 173, 181, 182, 183, 201
Carrefour Richelieu-Drouot, 23, 24
Caruso, Enrico, 94
Catacombs, 13, 95
Chabannes, Jacques, Seigneur de la Palice, 61
Chagall, Marc, 87, 88
Champ-de-Mars, 28, 29, 34, 35
Charlemagne, 92, 93
Charles X, 117

Chaix, Le, 53–5
— Napoléon, 53
Children's Art Classes, 99
— Playgrounds, 41
— Theatres, 97–8
— Traffic School, 43
Churches
    Church of Scotland, 204
    English Methodist Church, 204
    Saint Sulpice, 61
    St. George's Anglican Church, 204
    (see also 'Madeleine, La' and 'Notre Dame')
Churchill, Sir Winston, 94
Cinemas, 189
Cinémathèques, 189, 190
Circuses, 188, 189
Cliff, Richard, 189
Cité du Rétiro, 121
— Universitaire, 41, 123
Clock, floral, 42
— speaking, 149
Cloître des Billettes, 69
Cognac-Jay, Ernest, 63
Colonne de Juillet, 65
— — Vendôme, 65
Colbert, Jean-Baptiste, 25, 145
Columbus, Christopher, 79
Concert Halls, 100, 188
Concierge, (Le, La), 158
Conciergerie, La, 57, 58, 65
Conversion Table, 133
Corday, Charlotte, 40, 92, 93
Corneille, Pierre, 128, 129, 186
Courteline, Georges Moinaux, dit, 186
Curie, Pierre and Marie, 76

Daguerre, Jacques, 83
Danton, Georges-Jacques, 90, 91, 182
Daudet, Alphonse, 69
Delacroix, Eugène, 95
Delacroix', Studio, 95
Desmoulins, Camille, 40
Didot-Bottin, Le, 148
Discothèques, 185, 190
Dongen, Kees van, 87, 88
Dufy, Raoul, 87, 88

Ecole Militaire, L', 14, 34, 35, 36, 65
Edinburgh, Duke of, 92
Edward VII, Prince of Wales, 32
Eiffel, Gustave, 36

Eiffel Tower, 15, 28, 29, 32–7, 59, 65, 68, 83, 162
Elizabeth, Queen, 45, 59, 92
'Elisabeth, Madame' 90
Emergencies, 169–72

Fairs, 121–2
Festivals, 122–4
Fiacre Rides, 47
Fire Brigade, 70, 144
Fireworks, 64
Food and Drink, 63, 121, 175–81, 182, 183
Fountains, floodlit, 65, 66, 67, 68
Francis I, 84, 85
French Government Tourist Office, 88, 107, 108, 142, 204
— National Tourist Information Office, 204
— Railways, (S.N.C.F., La) 151–5, 204
French Revolution, 14, 15, 81, 82, 85, 89, 90, 91, 92, 93
Funicular, 64

Gardens, (see also 'Parks')
    Jardin d'Acclimatation, 42, 47, 107, 109, 115, 117
    — du Champ-de-Mars, 34
    — des Champs-Elysées, 47, 161
    — du Fleuriste Municipal de la Ville de Paris, 45
    — du Luxembourg, 41, 110, 162
    — du Palais de Chaillot, 64, 162
    — du Palais Royal, 40
    — des Plantes, 39, 115, 117, 162
    — Ranelagh, 46
    — Shakespeare, 44
    — des Tuileries, 35, 36, 38, 39, 47, 123, 162
Gardes-Républicaines, Les, 41, 70, 71, 186
Gobelins, La Manufacture Nationale des, 61, 62
Goonhilly, 144
Grand Palais, Le, 15, 35, 36, 77
Grévin, Charles, 92

Halles, Les, 27, 120, 121
Haussmann, Georges Eugène, Baron de, 21, 22, 23, 24, 38, 42
Henry IV, 41, 67, 127, 128

# INDEX       213

Henry V, 14
Hitler, Adolf, 94
Hobbies
  Aircraft spotting, 49
  Archaeology, 101, 114
  Ballet, 100
  Coins and medals, 60, 114
  Photography, 114
  Postcards, 60
  Stamps, 62, 113, 114, 150 (see also 'Free Paris' and 'P.T.T., Les')
  Toy Soldiers, 81, 112
  — Trains, 112, 113
  Train spotting, 113
  Uniforms, 60
Holidays, 195–6
Hostesses, 49, 51, 57, 88, 144
Hôtels (Historic Buildings)
  Hôtel des Ambassadeurs d'Hollande, 69
  — de Beauvais, 69
  — Lamoignon, 69
  — de Soubise, 69
  — de Ville, 15, 65
Hugo, Victor, 127, 128, 129, 182
—— House of, 95

Ile de la Cité, 13, 14, 28, 36, 57, 58
— Saint Louis, 16, 28, 29, 57, 58, 124
Illuminations, 60, 64, 65, 66–9, 87, 123
Impressionists, 88
Information, 49, 51, 149, 166, 185, 203
Ingres, Jean-Auguste Dominique, 112
Institut de France, 36, 65
— Pasteur, 94, 128
Invalides, Hôtel des, 14, 34, 35, 36, 65, 68
—— — 'Son et Lumière' at, 122

Jazz Clubs, 190
Julian Apostate, 13
Julius Caesar, 13

Kipling, Rudyard, 94

'Lady with the Unicorn, The', 89
La Fontaine, Jean de, 122, 123, 182
La Gioconda, 85, 86
Labiche, Eugène, 186
Lac Daumesnil, 46
— Inférieur, 43
Laurencin, Marie, 92
Latin Quarter, 177, 190

Lavoisier, Antoine Laurent, 81, 83
Le Nôtre, André, 38, 39
Leclerc, Général, 80
Left Bank, 13, 14, 21, 23, 34, 36, 41, 176, 177, 183
Lépine, Louis, 121
Ligne de Sceaux, 55, 141
'Londoner, The', 204
Loos, Public, 157, 159–65
Lost Property Offices, 51, 142, 169–71, 202
Lottery, National, 184
Louis-Philippe, 79, 80
Louis XIII, 39, 40, 80, 81, 84, 85
Louis XVI, 82, 90
Louvre, Le, 14, 35, 58, 68 (see also 'Museums'), 65
Luggage, 51, 54, 167
Lumière Brothers, The, 83
Lutetia Parisiorum, 13

Madeleine, La, 15, 23, 24, 28, 29, 35, 65, 66, 67
Marais, Le, 68, 122
Marat, Jean-Paul, 90, 91, 92, 93, 182
Marie-Antoinette, Queen, 91, 96
Markets
  Bird Market, 62
  Flower market, 57, 58, 62
  Stamp market, 62 (see also 'Hobbies')
  'Flea market, 119
  Food market, 119, 120
Marseillaise, La, 39, 91, Appendix
Matisse, Henri, 87, 88
Measurements, 48, 88, 132–3, 194, 195
Médicis, Cathérine de, 38, 39
— Marie de, 41, 129
Mehmet Ali, Sultan, 27
Meridian, 61
Métro, 137–42, 166, 167, 199–200
— lines, 137, 160
— station automats, 201
— stations
  Alma-Marceau, 57
  Anvers, 64
  Bastille, 122
  Bir-Hakim, 33
  Châtelet, 141
  Clichy, 122
  Concorde, 137, 138, 139
  Denfert-Rochereau, 122
  Etoile, 138

Metro, stations—*cont.*
   Franklin D. Roosevelt, 138
   Invalides, 137, 138, 139
   Lamarck, 137, 138
   Monmartre, 120
   Opéra, 138, 139
   Passy, 33
   Place Blanche, 122
   — d'Italie, 167
   — de la Nation, 122, 138
   Porte Dauphine, 26, 138
   — de Clignancourt, 119
   — Dorée, 116, 118
   — Maillot, 42
   — de Neuilly, 122
Mint, The, (Hôtel des Monnaies, L'), 57, 58, 61, 62, 65
Model boats, sailing, 39, 41, 43
— omnibuses, 90
— trains, 82, 112, 113
Models, School for, 102
Molière (J.-B. Poqueline), 123, 128, 186
Mona Lisa, 85, 86
Music halls, 188
Music Appreciation, 100
Money, 126–31, 168, 169
Montmarte, 29, 64, 122, 123, 124, 141, 190
Monparnasse, 29, 36
Mozart, Wolgang Amadeus, 69
Museums,
   Musée d'Afrique et d'Océanie, 118
   — de l'Armée, 80–1, 112
   — d'Art Moderne, 62, 87–8
   — des Arts Décoratifs, 101
   — Carnavalet, 62, 69, 102
   — de Cluny, 89
   — Cognac-Jay, 63
   — du Conservatoire des Arts and Métiers, 61, 62, 82–4, 88, 102 (Musée des Techniques)
   — Grévin, 92, 163 (see also 'Waxworks')
   — de l'Histoire Naturelle, 40
   — de l'Homme, 77–9, 102, 162
   — Instrumental de Conservatoire de Musique, 91
   — du Jeu de Paume, 62, 88
   — du Louvre, 62, 84–7, 162
   — de la Marine, 79–80
   — de l'Opéra, 91
   Palais de la Decouverte, 75–7, 88, 102
   Musée Postal, 94
   — Rodin, 92
   — des Thermes, 13, 89
   — du Vieux Montmarte, 123
Museums, Clubs run by, 101, 102
— Group visits to, 87, 88, 89
— Guide to, see APPENDIX
— Lectures in, 101
Music appreciation, 100
Music halls, 188

Napoleon I, 14, 59, 70, 81, 92, 93, 127, 129, 182
— Tomb of, (see 'Invalides')
Napoleon III, 21, 22, 23, 38, 80, 92, 93
National Technical and Industrial Centre, 29, 138
News, Radio, 149
Niepce, Nicéphone, 83
Notre Dame, 13, 14, 22, 36, 57, 58, 62, 64, 65, 68
— — Gargoyles, 14
— — Parvis de, 22, 48

Obelisk of Luxor, 27, 79
Observatory, The, 61, 62
Opera, 15, 26, 28, 29, 35, 36, 65, 66, 68, 100, 185, 187

Palais Bourbon, 15, 57, 58
— de Chaillot, 34, 35, 64, 65, 77, 79
— de l'Elysée, 36, 45, 70
— de Luxembourg, 41
— Royal, 112, 114, 127, 128
— des Tuileries, 15, 38, 39
Panthéon, Le, 15, 36, 65, 68, 75, 127, 128
Parks
   Parc de Bagatelle, 45, 123
   — des Buttes-Chaumont, 23, 42, 47, 64
   — Monceau, 22, 23, 29, 42, 162
   — Montsouris, 22, 23, 41, 47
Parks, Bands in, 41
Pascal, Blaise, 83
Passage du Harve, 113
Pasteur, Louis, 94, 128, 129
Pawn shop, 182
Perrin, Jean, 75, 102
Petit Palais, 15, 35, 46, 65
Philippe-Auguste, 23
Phonothèque Nationale, La, 94
Picasso, Pablo, 87, 88, 120

# INDEX 215

Planetarium, 77
Police, 43, 69, 159, 170, 171, 172
Porte Denon, 85, 87
— de la Tremoille, 87, 162
Post Office, ('P.T.T., Les'), 143–50, 201
—— Central, 145
Pré Catelan, 42, 44
Procopio dei Coltelli, Francesco, 182
Pulcinello, 78
Punch and Judy Shows, 39, 41, 43, 46, 47

Quai des Augustins, 60
—— Grands Augustins, 142
— d'Orsay, 59, 60
— du Président Kennedy, 30

Race courses, 112
Racine, Jean, 128, 186
Radio and Television Centre (O.R.T.F.), 29, 95, 188
Railway station liaison, 54
Railway stations
  Gare d'Austerlitz, 50, 51, 55
  — de la Bastille, 55
  — de l'Est, 50, 51, 52, 55, 136
  — du Luxembourg, 55, 136
  — de Lyon, 50, 51, 52, 55, 113
  — Montparnasse, 50, 51, 55, 136, 161, 166
  — du Nord, 50, 51, 55, 136, 161, 166
  — d'Orsay, 55, 136
  — St. Lazare, 31, 50, 51, 52, 55, 136, 144, 145, 161
Records, 79, 94
Right Bank, 14, 21, 23, 24, 25, 26, 27, 34, 35, 38, 39, 40, 42–7, 183
Restaurants, 173–8, 201
— Self-Service, 173–5
Wimpys, 173
Richelieu, Armand Jean du Plessis, Cardinal de, 127, 128, 129
River, enchanted, 42, 43
— ports, 57, 59
— steamers
  Bateaux-Mouches, 57, 58
  G. Borde-Frétigny, 59
  Vedettes Pont-Neuf, 60
  Vedettes Tour-Eiffel, 59
Robespierre, Maximilien, 90, 91, 182
Rond-Point des Champs-Élysées, 46, 47, 62, 65, 67, 68

Rouault, Georges, 87, 88
Rouget de l'Isle, 16, 91, APPENDIX
Rousseau, Jean-Jacques, 182
Rungis, 120, 121

Sacré Coeur, Le, 15, 64, 65, 68
Saint Louis, 46
Saint-Martin-des-Champs, Abbey of, 82
Sainte Chapelle, 13, 14, 36, 65, 68
Sainte Geneviève, 13
Seine, La, 13, 31, 56–60, 64
Sévigné, Marie de Rabutin-Chantal, Marquise de, 90
Seymour, Lord, 45
Shaw, Sandie, 189
Smith, W. H., 164
Sorbonne, La, 13, 14
Sports
  Bicycling, 11
  Bowling, 43, 115
  Football, 110
  Ice-Skating, 106, 107
  Jeu de Longue Paume, 110
  —— Paume, 110
  Pelote Basque, 109
  Pétanque, 33, 109
  Riding, 107
  Roller skating, 46
  Rowing, 43, 46
  Swimming, 105, 106
  Table-Tennis, 107, 108
Sports, Palais de, 189
Sports Stadiums, 110–11
Square, 27
— du Vert Galant, 67
Squares,
  Place de la Bastille, 124
  — Colette (ex 'du Théatre Français'), 26, 31, 65, 68
  — de la Concorde, 24, 25, 26, 27, 57, 58, 64, 65, 68, 79
  —— l'Etoile, 26
  — Furstenberg, 95
  — du Louvre, 123
  — de la Madeleine, 24, 27
  —— République, 136, 166
  — St. Augustin, 29
  — St. Michel, 65
  — Vendôme, 26
  — des Vosges, 127, 128
Stamps, 94 (see also 'Hobbies')
Stena Line, 204

Stores and Shops, 63, 144, 145, 163, 181, 191–5, 201
St. Germain-des-Prés, 190
Streets
  Avenue des Champs-Elysées, 25, 26, 28, 29, 64, 144, 145, 157
  — Foch, 26, 138
  — de l'Opéra, 26, 107, 168
  Boulevard des Capucines, 24
  — Haussmann, 22, 24
  — des Italiens, 24
  — Montmarte, 141
  — St. Germain, 23
  — St. Michel, 23
  Boulevards d'Enceinte, Les, 25
  — Extérieurs, Les, 25
  — Les Grands, 23
  Boulevards, Life on, 183, 184
  Rue du Faubourg St. Honoré, 26, 27, 122, 123
  — — Louvre, 145
  — de la Paix, 26
  — — Rivoli, 27
  — Royale, 24, 26, 27
  — St. Honoré, 27, 173
  — Vaugirard, 27
Street crossings, 30, 198
— names, 30, 31
— numbers, 29
Suresnes, 57
Synagogue, 204

Taxis, 167, 168
Tea-room, English, 164
Telegrams, 149
Telephones, 49, 52, 146–9, 157, 197, 198
Television, 77 (see also 'Radio and Television Centre')

Tipping, 156–8
Theatres, 65, 185–8
  Comédie Française, 68, 98, 186, 187
Tour de France, Le, 111
Touring Club, Le, 57
Trains, 53 151–5
Transport Authority, (R.A.T.P., La), 140, 142
Travel agencies, 203, 204, 164, 168
— Group, 154, 155
Trocadéro, Le, 15, 118, 162
Trottoir Roulant, Le, 141

U.N.E.S.C.O., Palais de l', 29, 36
University Tourist Office, 204
Utrillo, Maurice, 92

Venus de Milo, 85
Victoria, Queen, 80
Vinci, Leonardo da, 85, 86
Voltaire, Pierre Arouet, dit, 128, 129, 182

Wagner, Richard, 92
Wallace, Sir Richard, 45
Wampum, 78 and APPENDIX
Waxworks (see 'Museums')
Weather Report, 149
Welcome Office, (see 'Hostesses')
Wilson, Harold, 92
Winged Victory of Samothrace, 95

Youth Hostels, 107, 108, 205

Zefirelli, Franco, 92
Zola, Emile, 120, 121
Zoos, 42, 46, 116

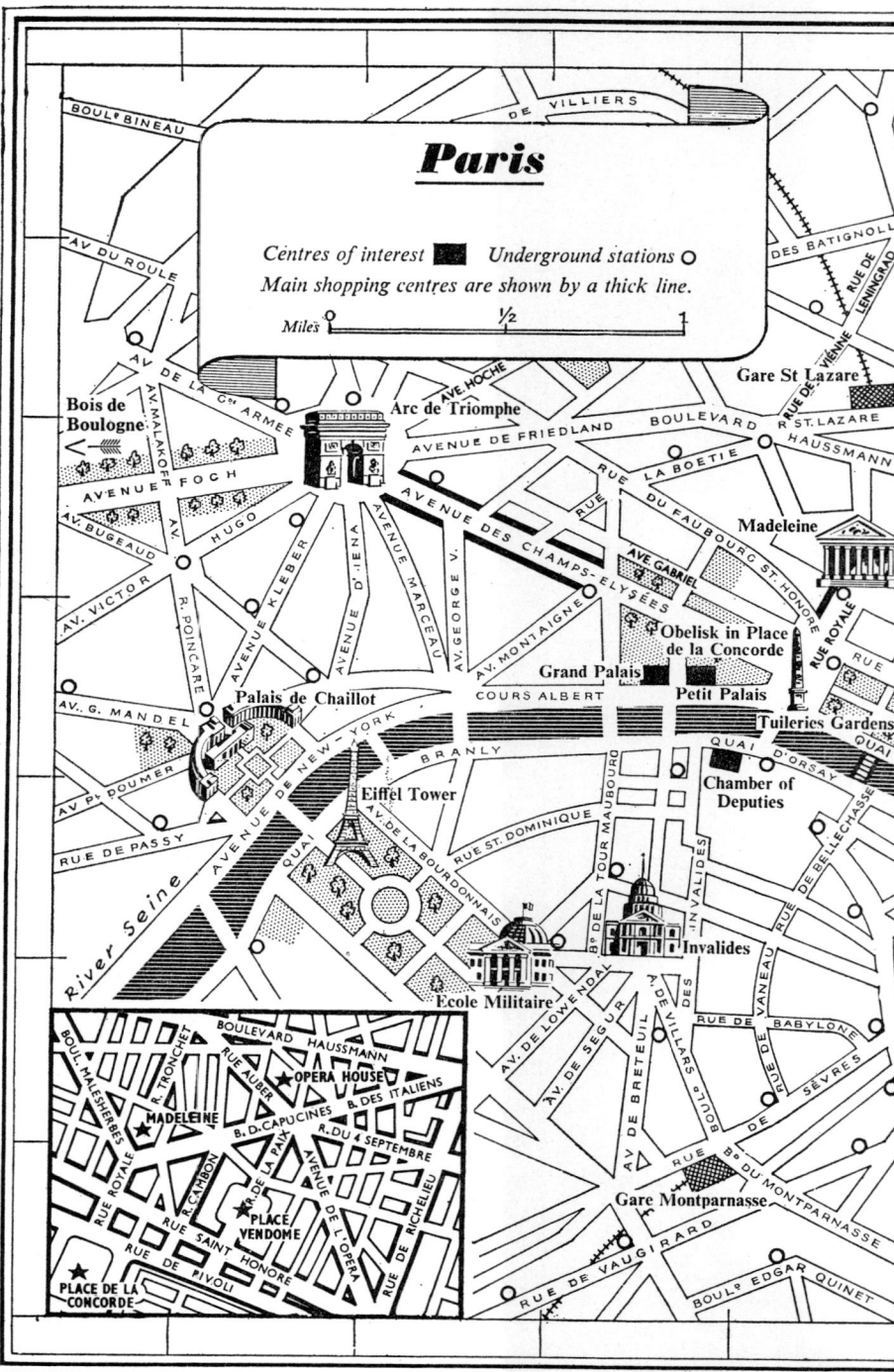